Carl Heinrich Stratz

Die Frauen auf Java

eine gynäkologische Studie

Carl Heinrich Stratz

Die Frauen auf Java
eine gynäkologische Studie

ISBN/EAN: 9783743321540

Hergestellt in Europa, USA, Kanada, Australien, Japan

Cover: Foto ©berggeist007 / pixelio.de

Manufactured and distributed by brebook publishing software
(www.brebook.com)

Carl Heinrich Stratz

Die Frauen auf Java

Die Frauen auf Java.

EINE GYNÄKOLOGISCHE STUDIE

VON

D^R. C. H. STRATZ.

MIT 41 ABBILDUNGEN IM TEXT.

STUTTGART.

VERLAG VON FERDINAND ENKE.

1897.

DIE FRAUEN AUF JAVA.

DIE

FRAUEN AUF JAVA.

EINE GYNÄKOLOGISCHE STUDIE

VON

DR. C. H. STRATZ.

MIT 41 ABBILDUNGEN IM TEXT.

STUTTGART.

VERLAG VON FERDINAND ENKE.

1897.

Vorwort.

Etwas mehr als fünf Jahre war es mir vergönnt, als erster Gynäkologe auf dem tropischen Boden von Java thätig zu sein. Den Grundsätzen meines unvergesslichen Meisters Carl Schröder getreu, habe ich mich bestrebt, der Wissenschaft in erster Linie zu dienen, ein Streben, das unter der glühenden Sonne der Tropen ohne jegliche Vorbedingung zur Ausübung der modernen Technik besonders erschwert wurde.

Wenn es mir trotzdem gelungen ist, in bescheidenem Maasse zur Verbreitung und Förderung unserer Wissenschaft, zur Widerlegung mancher herrschenden Vorurtheile beitragen zu können, so gebührt an dieser Stelle vor allen mein Dank den Männern, die mich in meinem Wirkungskreis mit Rath und That unterstützt, dann aber auch den liebenswürdigen Damen, die, bauend auf unsere Wissenschaft, mir ihr Vertrauen geschenkt haben.

In den folgenden Blättern habe ich einen kurzen Ueberblick meiner indischen Thätigkeit zu geben gesucht, und auch einige bereits in indischen und holländischen, weniger allgemein verbreiteten Zeitschriften erschienene Veröffentlichungen der Vollständigkeit halber mit eingeflochten.

Am Schlusse findet sich ein Verzeichniss der diesbezüglichen Publicationen.

den Haag, 18. Januar 1897.

C. H. Stratz.

Inhalt.

Verzeichniss der Abbildungen.

Fig. 1. **Krischna und die neun Milchmädchen.** (Relief vom Borobudur.)

Fig. 2. Javanische Braut.

Stratz, Die Frauen auf Java.

I.

Die Bevölkerung von Java.

Deese Javänen zijn van schoone, gedrongen, musculeuse en frissche gedänten, ordinair wel 100 vette tegen 10 magere, hebbende doorgäns een schoon ligcham nochthans met een leelijken cop, bewassen met ongelooflijk schoon hair; van couleur d'arbejders bruyn geel, ende die van stät en vermoogen redelijk blank geel. Het vrouwvolk is doorgüns veel schoonder, eer mager als vet, voornamentlijk die in de heerenhuisen zijn, die ordinair schoon, jä, veel welcke blank en seer wel besneeden zijn, seer tenger van ligchäm, smal van middel, lang van armen en vingers, die de groote heeren van vermogen seer wel weten uit te kippen.

Obige von Rijklof van Goens im Jahre 1656 gegebene Beschreibung der Javanen würde in ihrem alterthümlichen Stile etwa also lauten:

Diese Javahnen sind von schöner, gedrungener, musculöser und frischer Gestaltung, gemeiniglich wohl 100 Fette auf 10 Magere, besitzen allzumahl einen schönen Leib, derogegen mit einem hässlichen Kopf, bewachsen mit unglaublich schönem Haar; von Couleur sind die Arbeiters braungelb, die ansehnlichen Leute mässig blankgelb. Das Frauenzimmer ist allzumahl viel schöner, eber mager denn fett, absonderlich die in den herrschaftlichen Häusern sind, die gemeiniglich schön, ja viele, die blank und gut geschnitten sind; sehr zart von Leibe, schmal um die Mitte, lang an Armen und Fingern, welche die grossen reichen Herrn sehr wohl wissen aufzupicken.

Nach unseren heutigen Begriffen würde eine derartige Beschreibung sehr wenig wissenschaftlichen Werth besitzen; dagegen müssen wir uns eingestehen, dass wir auch heute noch nicht im Stande sind, die Bevölkerung Javas rein wissenschaftlich festzustellen, und zwar aus dem Grunde, weil daselbst so viele Elemente durch einander gemischt sind, dass es unmöglich ist, dieselben zu begrenzen.

Verneau, der bekannte französische Anthropologe, unterscheidet drei reine Menschenrassen, die weisse, die gelbe und die schwarze, daneben zwei gemischte Rassen, die braune und die rothe.

Mit Ausnahme der letzten sind alle Rassen in Java vertreten, und dann wieder unter einander gemischt worden.

Die weisse Rasse ist hauptsächlich vertreten durch Holländer beiderlei Geschlechts, ferner durch vereinzelte Portugiesen, Deutsche, Franzosen, Engländer und einige wenige Italiener.

Neben den reinen Europäern finden sich zahlreiche Mischlinge in allen Abstufungen, die sich dadurch von anderen Creolenbildungen unterscheiden, dass das europäische Blut ausschliesslich von männlicher Seite eingeführt worden ist.

Der gelben Rasse gehören die in Java sehr zahlreich vertretenen Chinesen an, die ausschliesslich in männlichen Exemplaren eingeführt werden. Alle auf Java geborenen Chinesen können als Mischlinge angesehen werden.

Die schwarze Rasse ist nur in wenigen Individuen vertreten, die den früheren Negerbataillonen der holländischen Armee entstammen und sich mit eingeborenen Frauen vermischt haben.

Die eigentlichen Eingeborenen von Java zerfallen in drei grosse Gruppen, die Sundanesen, die den westlichen Theil, die eigentlichen

Javanen, die die Mitte, und die Maduresen, die den östlichen Theil von Java und die Insel Madura bewohnen. Die javanischen Fürsten- und Adelsfamilien, die sich durch hellere Farbe und mehr europäischen Gesichtsschnitt auszeichnen, werden als Nachkömmlinge eines alten Hinduvolkes angesehen, das in früheren Zeiten die Insel erobert haben soll; für diese Annahme spricht der Umstand, dass das Javanische aus zwei Sprachen besteht, einer, deren sich nur Höherstehende, und einer, deren sich nur das Volk bedient. Das Maduresische hat viel Aehnlichkeit mit dem Javanischen, das Sundanesische ist dagegen eine davon ganz verschiedene Sprache.

Ausser diesen drei Sprachen wird allgemein das Malaiische gesprochen, in Küstenplätzen, wie in Soerabaia, Batavia u. a. finden sich ganze malaiische Viertel; es wird also in Java selbst zwischen Malaien und den übrigen Eingeborenen ein Unterschied gemacht im Gegensatz zu der wissenschaftlichen Annahme, dass alle Eingeborenen Javas zu der malaiischen Rasse gehören.

Welches von allen diesen Völkern das älteste in Java gewesen ist, wird wohl schwer auszumachen sein; einige Gelehrte nehmen an, dass die feueranbetenden Bergbewohner des Tengergebirges, die Tengaresen, die Ureinwohner waren, und dass alle anderen Völker später eingewandert sind.

Der einzige Typus, der, wenn man sich so ausdrücken darf, historisch beglaubigt werden kann, ist der javanische Hindutypus. Er findet sich sowohl auf den uralten Reliefs des Borobudur, denen die sehr schön erhaltene Darstellung der Krischna mit den neun Milchmädchen (Fig. 1) entnommen ist, als in jetzt noch lebenden Exemplaren, wovon die hier abgebildete junge adelige javanische Braut (Fig. 2) ein Beispiel ist.

Bei Vergleichung der beiden Bilder wird man bemerken, dass ausser einer gewissen Aehnlichkeit (namentlich mit dem knieenden Milchmädchen) selbst der halbmondförmige Brustschmuck und die grossen Schmuckscheiben an den Ohren die Jahrhunderte überdauert haben.

Da ich mich nun nicht berufen und stark genug fühle, um in dieses anthropologische Chaos mehr Licht zu bringen, so schliesse ich mich im Folgenden dem in Java allgemein üblichen Brauche an; danach unterscheidet man die Orang blanda, eingewanderte Europäer, und die Orang djawa, die Eingeborenen.

Kinder eines Europäers von einer Javanin heissen S i n j o. resp. N o n a, wenn es Mädchen sind.

Je mehr diese Mischlinge wieder mit europäischem Blute gekreuzt sind, desto schwieriger lassen sich dieselben von üchten Europäern

Fig. 3. Nona.

unterscheiden; im zweiten und dritten Grade findet man bereits Gestalten, die als Muster von leichtgebräunten europäischen Südvölkern, von Spaniern oder Italienern dienen könnten.

Neben diesen drei Hauptkategorien spielen ausser den Chinesen,

Orang tjina, und ihren Nachkömmlingen die anderen nur eine numerisch sehr untergeordnete Rolle.

Interessant ist immerhin, dass auch hier das chinesische Blut durch seine Zähigkeit sich auszeichnet. Bei Kindern eines Europäers und einer sog. chinesischen Nona (Tochter von Chinese und Javanin), die sich meist durch grosse Schönheit, zarte Haut und kleine Hände und Füsse auszeichnen, erkennt man noch nach vielen Geschlechtern den chinesischen Einfluss. Fig. 3 stellt eine derartige Schönheit vor, an deren Zustandekommen sich europäisches und javanisches Blut betheiligt haben.

In dem Folgenden werde ich — Virchow verzeihe mir die Sünde — von europäischem, javanischem und chinesischem Typus sprechen, je nachdem der eine oder der andere deutlich ausgeprägt ist. Wo die Chinesinnen nicht besonders erwähnt sind, habe ich sie, da es doch Mischlinge sind, den Javaninnen eingereiht.

Die Bevölkerung von Java betrug im Jahre 1889 ± 24 Millionen Seelen, darunter

46,000 Europäer mit	. .	21,000 Frauen,
250,000 Chinesen mit	. .	110,000 „
23,600,000 Eingeborene mit	.	12,200,000 „

Der Rest bestand aus Arabern und anderen eingewanderten Asiaten.

In dieser officiellen Zählung sind bei den Europäern alle Mischlinge mitgerechnet, die amtlich dieselbe Rechtsstellung wie die Europäer haben. Dementsprechend ist auch ihre Lebensweise und ihre Kleidung. Auf den Körperbau kommen wir weiter unten noch zurück.

Die Vermischung des holländischen Blutes mit javanischem, welch letzteres, wie bereits erwähnt, ausschliesslich in weiblicher Linie geliefert wird, verwischt sich ausserordentlich rasch. Oft kann man bereits die Enkelkinder einer Javanin kaum mehr von Europäern unterscheiden. Noch geringer ist der Einfluss, wo es sich um Frauen vom javanischen Hindutypus handelt, bei denen oft schon die Kinder den brünetten Europäern völlig gleichstehen.

Man ist in Java ebenso wie in Holland der Ansicht, dass die Mischlinge an moralischem Werth der reinen Rasse gegenüber verlieren; worauf diese Ansicht beruht, lässt sich schwer sagen. Das javanische Volk ist sehr indolent, furchtsam, ohne Initiative, und hat über Lügen und Stehlen ganz andere Begriffe als die Europäer. Ob und in wie

Fig. 4. Javanin mit malaiischem Typus.

weit diese Eigenschaften auf die Mischlinge übergehen, kann man in Zahlen nicht ausdrücken; sicher ist es jedenfalls, dass aus ihrer Mitte eine ganze Reihe hervorragender Männer hervorgegangen sind; ich brauche hier nur an den tapferen General van der Heyden zu erinnern.

Was den Körperbau im Allgemeinen betrifft, so muss man bekennen, dass die Vermischung einen sehr günstigen Einfluss auszuüben im Stande ist. Der schwergebaute, kräftige holländische Typus vereinigt sich mit dem geschmeidigen kleinen javanischen zu grossen, sehnigen Gestalten mit feinen Fesseln, die an Kraft und Gewandtheit oft den beiderseitigen Vorfahren überlegen sind. Meist kommen die Vorzüge der Kreuzung erst im dritten und vierten Geschlecht zur Geltung, und können dann wirklich als eine Veredelung bezeichnet werden.

Einige nähere Eigenthümlichkeiten, die ich speciell bei Frauen zu beobachten Gelegenheit hatte, werden an betreffender Stelle Erwähnung finden.

II.
Die eingeborenen Frauen.

Allen javanischen Frauen gemeinsam ist das reiche, schlichte schwarze Haar, die dunkeln Augen und die blendend weissen Zähne. Nur äusserst selten sieht man Mädchen mit dunkel rothbraunem Haar, blonde überhaupt nicht. Der übrige Körper ist spärlich behaart, die Augenbrauen sind meist schmal und dünn, in den Achselhöhlen und an den Genitalien werden die spärlichen Haare meist sorgsam entfernt, und nur sehr ausnahmsweise findet man einen dichtbehaarten Mons veneris. Hände und Füsse sind klein, schmal und lang, die Gelenke fein, die Gliedmassen zierlich. Die durchschnittliche Grösse (aus 250 Frauen genommen) konnte ich auf 154 cm bestimmen.

Ausser diesen gemeinschaftlichen Merkmalen lassen sich zwei manchmal ziemlich deutlich ausgeprägte Typen unter den javanischen Frauen unterscheiden.

Fig. 5. Rückansicht von Fig. 4.

Fig. 6. Javanin mit Hindutypus.

Der eine, den ich den malaiischen Typus nennen möchte, zeichnet sich aus durch rundes Gesicht, breite, kurze Nase, vorstehende Backenknochen, schmale, etwas schief stehende Augenspalten, braune, bis dunkelbraune Hautfarbe, breite Hüften, im Allgemeinen mehr weibliche Körperformen und Neigung zu Fettansatz (Fig. 4 u. 5).

Der zweite, der Hindutypus, hat ein mehr ovales Gesicht, eine längere und schmälere Nase, weniger vorstehende Jochbögen, gerade Augenspalten, weissgelbe bis lichtbraune Hautfarbe, schmälere Hüften, im Allgemeinen mehr jungfräulichere Körperformen (auch im Alter) und schlanke Gliedmassen (Fig. 6).

Den ersteren trifft man mehr bei den Maduresinnen und Sundanesinnen, den letzteren mehr bei den eigentlichen Javaninnen, am reinsten in den adeligen Familien, doch es bestehen so viele Uebergänge, dass man bei dem Versuch einer Eintheilung in dieser Richtung stets wieder auf die Unmöglichkeit stösst, die einzelnen Individuen gehörig unterzubringen.

So finden sich häufig, namentlich in den Preanger Regentschaften (Sundanesen) Formen, die völlig dem ersten Typus entsprechen, mit einer beinahe weissen Haut, andererseits wieder gibt es ausgeprägte Hindutypen mit dunkler Broncefarbe.

Es wird eben auch hier durch die grosse Vermischung der einzelnen Völkerschaften der Unterschied mehr und mehr verwischt.

Zu erwähnen ist, dass die Javanen eine hell goldbraune Haut für eine grosse Schönheit ansehen, wenigstens in Gegenden, wo noch nicht die moderne Auffassung durchgedrungen ist, dass die Haut um so schöner ist, je weisser sie ist. Wo diese Ansicht herrscht, wie in Batavia, streben die dunkeln Schönen durch starkes Schminken ihre Reize zu erhöhen.

Ist es nun zwar nicht möglich, die beiden Typen scharf auseinander zu halten, so haben beide zusammen doch gemeinschaftliche Merkmale, die sie von anderen, und namentlich von den Europäern unterscheiden.

Was den Schädel betrifft, so bekam ich den allgemeinen Eindruck, dass derselbe viel mehr der Kugelgestalt sich nähert, als der europäische; da ich jedoch nicht in der Lage war, die erforderlich grosse Anzahl von Messungen selbst auszuführen, so habe ich mir über diesen Punkt kein eigenes Urtheil bilden können.

Anders dagegen verhält es sich mit dem Becken.

In dem Frauenhospital Pegirian in Soerabaia habe ich unter 600 Frauen zunächst 25 ausgesucht, die bei oberflächlicher Betrachtung die besten Körperformen darzubieten schienen.

Die Diagonalis nahm ich in der üblichen Steissrückenlage, die übrigen Maasse im Stehen. Die Resultate meiner Messungen sind aus der beigefügten I. Serie ersichtlich.

Bei einer durchschnittlichen Körperlänge von 154 cm fand ich als durchschnittliche Maasse:

Conj. diagonalis	13	(Europäerin	13)
Conj. externa	18	(.	20.5)
Dist. spinar.	23	(.	26)
Dist. crist.	26	(.	29)
Trochant.	28	(.	31,5)

Unter allen Gemessenen ist nur eine, Ni-Gi-Li, deren Maasse die durchschnittlichen europäischen übertreffen. Bei dieser Einen ist, wie schon aus dem Namen ersichtlich, chinesisches Blut beigemischt, und wahrscheinlich auch europäisches nicht ausgeschlossen. Die Hautfarbe war beinahe weiss.

I. Serie.

	d.	ext.	sp.	cr.	tr.
1. Moakidjah (Fig. 6)	14	17	22,5	25,5	28
2. Vugina	12	18,5	24	25,5	26
3. Rosminten	15	18,5	23	25	27
4. Kasmina	12	18,5	23,5	26	29
5. Sarpi (Fig. 4)	13,5	17,5	24	27	30,5
6. Kartim	13	17	21	23	26
7. Musina	13	18,5	23,5	25,5	28
8. Darmedia	13	19	23	25,5	30
9. Sina	12	17	24	27	27,5
10. Sima Kepia	12,5	18	23,5	26	28
11. Rautima	12	18,5	23	25	28,5
12. Arsia	12,5	18,5	24	26	28
13. Satidja	14	18	24	26	27,5
14. Mina Rombio	13	20	23,5	28,5	32
15. Tandoor	12	17	21,5	24	27
16. Karmina	14	17,5	23	25	27
17. Ni-Gi-Li	15	20,5	26	29,5	33,5
18. Raminah	14	18	21,5	24	27
19. Sarina	14	18,5	25	28	28,5
20. Timoe	12	18	24	26	29,5
21. Samina	13	18,5	24	25,5	26
22. Darmidja	13	20	23	26	30
23. Amina	14	17,5	23	25,5	28
24. Kamisa	14	17,5	23	25	27,5
25. Tasmina	13	17	22	25	27
Medium	**13,2**	**18,2**	**23,3**	**25,8**	**28,3**
	13	18	23	26	28

Die II. Serie umfasst 110 Frauen, die ich ohne Auswahl der Reihe nach gemessen habe, in derselben Weise wie die I. Serie.

Bei ihnen waren, bei einer Körpergrösse von 154 cm, die durchschnittlichen Maasse:

Conj. diagonalis . . . . . . 12,5 (Europäerin 13)
Conj. externa . . . . 18 („ 20,5)
Dist. spinar. . . . . 23 („ 26)
Dist. crist. . . . . 25 („ 29)
Trochant. . . . . 28 („ 31,5)

11

In dieser Serie findet sich ein in allen Maassen, und besonders auch in der Conjugata verengtes Becken bei Mariam (105), bei der sich die Vera auf höchstens 7,75 schätzen lässt.

48 Frauen haben eine Conjugata vera von 11 cm und mehr, alle anderen bleiben darunter.

Die mit ad. bezeichneten Frauen (24. 40. 59. 64. 76. 42. 44.) sind solche, deren allgemeine Entwickelung annehmen liess, dass es sich um sehr jugendliche, noch nicht zur völligen Reife gelangte Mädchen handelte; eine Altersangabe zu machen war unmöglich, da die meisten Javanen ihr Alter nicht kennen, und eine amtliche Beglaubigung der Geburt bei den Javanen nicht besteht.

II. Serie.

	d.	ext.	sp.	cr.	tr.
1. Saar	11,5	16,5	20,5	22.5	25
2. Dinar	13,5	17,5	22,5	23.5	25,5
3. Sarina Sas.	14	21.5	23,5	27,5	30,5
4. Marsinah	14	19	24	26	31
5. Tamina	12	19,5	23,5	27	29,5
6. Sarina Fqnkal	12	18,5	22	25	29
7. Marinten	12,5	19	25	27	29.5
8. Saminta	12	18,5	24	26,5	28,5
9. Sima Penapkan	12	18	24	26,5	29
10. Samina Jas.	13	20	24	27	29
11. Ami	12	19	24	27	31
12. Molek	12	19	24	26	29
13. Ramenten	11	17	20,5	24	26
14. Mousina	12	18	23	25	29
15. Sarmat.	12	18	26	27,5	29
16. Kamsira	12,5	18	21	23,5	27.5
17. Kreng	12,5	18	21	26	30
18. Markani	11	16,5	22	24	26
19. Dewi	12	18	25	26.5	30
20. Sarmie	12,5	19	21,5	25,5	27,5
21. Watina	13	19.5	22,5	25	29,5
22. Dolga	12	15	22	25	27
23. Kalima	12	17	23	25	27
24. Bentang (ad.)	10,5	16,5	22	24,5	28
25. Mantio	11,5	18	22.5	24,5	27,5
26. Djenal	12	17	20	23,5	27
27. Kasmina	13	17.5	22	25,5	28,5

	d.	ext.	sp.	cr.	tr.
28. Salekat	11,5	15	21	22,5	25
29. Gima	13	18	22,5	25,5	29
30. Sarinten Kepati	12,5	18,5	24	26	28,5
31. Sarinten assem	13	19	24,5	26,5	28,5
32. Sarinten Paiman	13	17,5	22,5	26	27,5
33. Marsina	13,5	18,5	20,5	24,5	28
34. Sima Dasael.	12,5	19,5	22,5	26,5	28,5
35. Jamina	14,5	19	24,5	27,5	31
36. Markami	13,5	17	22	24	26
37. Sonkina	13	19,5	24	26,5	29,5
38. Kasima	12	17	21	25	28
39. Ipat	12	18	23,5	26,5	29
40. Knikker (ad.)	11,5	17	20	24	26,5
41. Molek.	13	18	20,5	23,5	25,5
42. Kina (ad.)	11,5	16	22	24.5	27,5
43. Sarinten Djoyolan	14	19,5	23	27	29
44. Samara (ad.)	12	16	20,5	23,5	26
45. Sam	13,5	18	22	25,5	27
46. Djamsina	13	17,5	23	26	28,5
47. Nie	15	20	23,5	28,5	31,5
48. Roumina	13	18,5	22	24	26,5
49. Syem	13	16,5	22,5	26,5	29
50. Ira	13,5	18	23	. 25,5	28
51. Sarijem	13	16	22	24,5	27
52. Ngantidja	13	18,5	24	26	28
53. Fasmi	13	18	22,5	25,5	28
54. Savintin Paiman	12,5	17,5	22,5	26	28,5
55. Mina Kraton	13	16	22	23,5	26
56. Kam	13	19	23	25	27
57. Mangis	12,5	16,5	24	26	28
58. Alimah	12,5	18,5	23	26	29
59. Roos (ad.)	11	15	20,5	22.5	25,5
60. Apungi	12	16	21,5	25,5	27,5
61. Putma	12,5	16,5	22,5	25	26,5
62. Markonsa	12	16,5	23	25	27,5
63. Pasileh	12,5	19	23	26,5	29
64. Ina (ad.)	11,5	16,5	22,5	24,5	27,5
65. Mous	11,5	16	23	24,5	27
66. Karlin	12	20	21	25	27,5
67. Mardina	13,5	18,5	22	26	28
68. Marinten	13	18	23	26	28
69. Kodarmina	12	17,5	24	26	28
70. Manisa	12	17	22	24,5	27
71. Moukina	13	18,5	23	26	28,5

	d.	ext.	sp.	cr.	tr.
72. Kona	14	18,5	21,5	23,5	28
73. Slamat	13,5	19	25	27	30
74. Daramedja	13	19	23	25,5	30
75. Ringgit	14,5	18	25	28	29
76. Djouna (ad.)	13	16,5	20,5	23	26
77. Patina	13,5	18	23	26	28,5
78. Manis	13	19,5	22,5	26	29
79. Pila	13	18,5	22,5	26.5	29
80. Pari	13	18	24,5	25,5	27,5
81. Ratong	12	17	21	23	26
82. Sati	12,5	16,5	23	25	26,5
83. Satidja	12	18	22	25,5	30
84. Lasima	12,5	18,5	25	28	30,5
85. Kasmi	12,5	16	23	25,5	27
86. Mariatin	12	17,5	22	24	26
87. Awia	13	18,5	21,5	24,5	27,5
88. Pa-ek	12	16	21,5	24	27
89. Djamouja	13	17,5	22	25	28
90. Ngadina	13,5	17,5	23,5	25,5	29
91. Marijam	13,5	16,5	25,5	27,5	30
92. Golek	12,5	17	22	26	27
93. Ramina	13	17,5	21,5	23,5	26,5
94. Samira	13,5	18	24,5	28	30
95. Satina	12,5	16	19,5	28,5	25,5
96. Aori	12,5	19	22	26	28,5
97. Mourgasi	13	17,5	22,5	26	27,5
98. Resik	13	17,5	24	26	28
99. Ramten	13	19	22,5	26	28,5
100. Joni	13	18	22,5	25	27
101. Watten	13	16,5	24	26	29
102. Moutina Rambie	11,5	16,5	24	25,5	28,5
103. Mina	12,5	16	21,5	25	27
104. Sarinten Djagolan	11	17	21	23,5	25,5
105. Mariam	9,5	18	23	25	27
106. Mariati	12	16,5	22	24	26
107. Kassina	11	16.5	23.5	25	28,5
108. Martini Krikilan	12	16	20.5	23,5	26
109. Sariboelan	12	16,5	23	26	29,5
110. Sarima gendong	12	18,5	22	25	28
Medium	**12,5**	**17,8**	**22,6**	**25,8**	**28**
	12,5	**18**	**23**	**25**	**28**

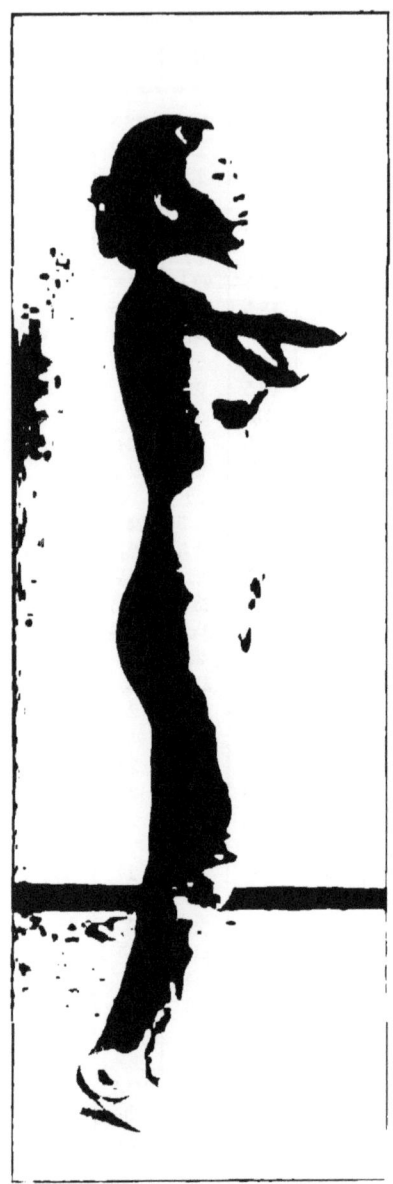

Fig. 7. Profilansicht einer jungen Javanin.

Eine Vergleichung mit den durchschnittlichen europäischen Maassen ergibt, dass die Conjugata bei guten Becken (Serie I) ebenso gross, im Allgemeinen (Serie II) nur wenig kleiner ist bei den Javaninnen. Dass dagegen sämmtliche Breitenmaasse durchschnittlich 3 cm kürzer sind als bei unserem Durchschnittsbecken. Jedoch muss hervorgehoben werden, dass die Differenz zwischen Spinae und Cristae meist 3 cm und mehr beträgt.

Insoweit als ein Rückschluss von den äusseren Maassen auf die Form des kleinen Beckens erlaubt ist, kann man behaupten, dass aus diesen Messungen hervorgeht, dass das javanische Becken im Verhältniss zu seinem Sagittaldurchmesser im transversalen verkürzt ist, mit anderen Worten, dass es im Gegensatz zu dem ovalen europäischen eine mehr runde Form hat.

Der Hauptwerth dieser Untersuchungen an der lebenden Frau liegt hauptsächlich in der grösseren Zahl der untersuchten Fälle, und wird erhöht durch die Thatsache, dass das Resultat sich deckt mit den von Zaayer bereits vor Jahren gemachten Messungen einiger skeletirter javanischen Frauenbecken.

Hennig fand in der Literatur im Ganzen 54 Fälle, die malaiischen Becken mitgerechnet, die an Leichen dasselbe Resultat hatten, wie ich mit meinen 135 Lebenden.

Auffallend ist es, dass sich · bei Mischlingen von allen Rasseneigenthümlichkeiten die runde Form des Beckens am längsten erhält. Bei einer jungen Frau, die im fünften Glied von einer javanischen Mutter abstammte, und sich durch auffallend weisse zarte Haut und schönes blondes Haar auszeichnete, fand ich die folgenden Beckenmaasse:

Conj. diagonalis . . .	15
Conj. externa	21
Dist. spinar.	23
Dist. crist.	26
Trochant.	29

Dass die Conjugata externa im Verhältniss geringere Maasse gibt als bei Europäerinnen, ist zu erklären zunächst durch die bei den Javanen viel geringere Fettablagerung am Becken, dann auch wohl durch eine geringere Neigung des Beckens, die an der Profilansicht Fig. 7 deutlich ersichtlich ist. Vielleicht kommt dazu eine geringere Entwickelung der Processus spinosi? Zu den grossen Vorzügen des javanischen Frauenkörpers zählt die feine Mo-

Fig. 8. Javanin mit gemischtem Typus.

dellirung des Rumpfes, die namentlich an dem feinen Spiel der Rückenmuskeln (Fig. 9) ersichtlich ist. Dies ist jedoch weniger eine Rassen-

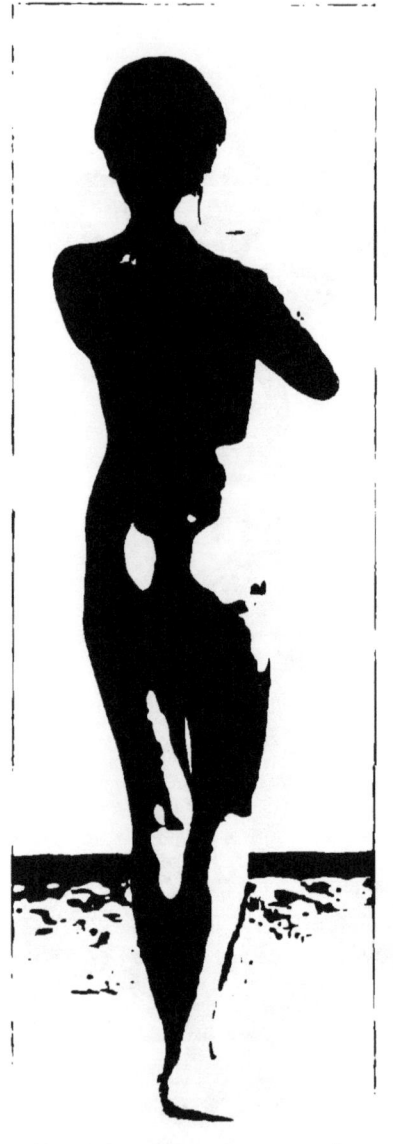

Fig. 9. Javanin mit Hindutypus (Rückansicht).

eigenthümlichkeit als vielmehr eine Folge von dem völligen Mangel eines Corsets bei der javanischen Frauentoilette.

Dass trotz dieses Mangels die Taille doch sehr elegant sein kann, zeigt ein Blick auf Fig. 4 und 7.

In Java tragen viele europäische Damen überhaupt kein Corset, viele nur während der Abendstunden, und darum finden sich auch unter ihnen viel mehr schöne und auch im Alter noch gut erhaltene Figuren als in Europas übertünchter Formenwelt.

Von anderen Rasseneigenthümlichkeiten sind es namentlich die feingebauten Gliedmassen und die grosse Beweglichkeit der Gelenke, die der Erwähnung verdienen und auch in späteren Geschlechtern das javanische Blut verrathen.

An den oberen Extremitäten, die oft auffallend lang sind, fällt vor allem die Ueberstreckung im Ellbogengelenk auf, die auch auf den Darstellungen des Borobudur häufig abgebildet ist. Das Handgelenk ist so lose, dass die Hand auf den Vorderarm zurückgelegt werden kann; die Finger sind schmal und lang und haben die Eigenthümlichkeit, dass die Fingerspitzen breit und flach sind, etwa wie die Trommelschlägerfinger der Herzkranken. — Die Beine sind verhältnissmässig kurz und mager, die Füsse klein und schmal, die

Zehen so beweglich, dass damit kleine Gegenstände mit Leichtigkeit vom Boden aufgenommen werden können.

Schliesslich sei noch erwähnt, dass die Javanen mit allen orientalischen Völkern eine Eigenthümlichkeit gemein haben, nämlich die äusserst spärliche Entwickelung der Waden.

Die Hautfarbe schwankt, wie bereits erwähnt, bei den Javaninnen zwischen einem völlig hellen Weissgelb bis zu einem tiefen Blaubraun; alle möglichen Abstufungen finden sich vor.

Alle Hautwunden heilen leicht und rasch, die Javanen scheinen eine grössere Resistenz gegen alle möglichen Infectionskeime zu besitzen; eigenthümlich ist die oft beobachtete Neigung zur Keloidbildung in Hautnarben. Die Narben selbst sind weiss, eine überstandene Hautkrankheit, namentlich eine syphilitische, kann man noch nach Jahren an den helleren, pigmentarmen bis weissen Flecken erkennen.

Bezüglich der Pigmentirung der Perinealgegend habe ich mir keine Aufzeichnungen gemacht; den „blauen Fleck" in der Sacralgegend habe ich manchmal gefunden, manchmal vermisst; über Form und Häufigkeit des Vorkommens wage ich keine Behauptungen aufzustellen.

Interessant waren die häufigen Pigmentverschiebungen am Introitus vaginae. Während in einzelnen Fällen schon an der Innenseite der grossen Schamlippen die braune Haut allmälig eine hell rosenrothe Farbe annahm, waren in anderen wieder grosse und kleine Schamlippen dunkelbraun, und die rosenrothe Färbung begann erst in der Höhe des Hymens. In einigen selteneren Fällen konnte ich selbst bis hoch in die Vagina hinauf abgesprengte grössere und kleinere Pigmentflecken wahrnehmen, die der Vulva und Vagina ein scheckiges Aussehen gaben. Der häufigste Befund war der, dass grosse Labien und die Aussenseite der kleinen, mässig vorstehenden, pigmentirt waren, während beim Auseinanderspreizen der kleinen Labien deren Innenfläche vom freien Rand nach der Tiefe zu sein Pigment verlor, und zwar in der Weise, dass neben allmäligen Uebergängen sich streifige und runde Pigmentablagerungen an der Innenfläche hinzogen.

Die Pubes sind spärlicher entwickelt als in Europa; doch werden sie meist völlig, oder mit Ausnahme einiger weniger Haare oberhalb der Clitoris, epilirt, was daraus hervorgeht, dass man auch bei nackter

Vulva stets einige kurze Härchen finden kann, und dass die behaart
gewesenen Stellen durch die Haarbälge eine mehr körnige Oberfläche
darbieten.

Die oberhalb der Clitoris stehengelassenen Haare sind besonders
deutlich in Fig. 7.

III.

Vertheilung gynäkologischer Krankheiten unter den europäischen Frauen.

Die Zahl der europäischen Frauen betrug im Jahre 1889 auf
Java 21,000; die Zahl der von mir behandelten Europäerinnen belief
sich auf 1025.

Aus diesen Zahlen jedoch eine Morbiditätsfrequenz von 1:21 ab-
zuleiten, ist nicht gestattet.

Zunächst sind meine 1025 Patientinnen innerhalb von fünf Jahren
zu mir gekommen, so dass bei dem starken Wechsel der europäischen
Bevölkerung dadurch allein eine Vergleichung unmöglich wird; endlich
auch sind unter diesen Patienten eine ganze Anzahl, die von Sumatra,
Borneo, den Mollukken und von Singapore gekommen sind, wodurch
der allgemeine Procentsatz ein sehr viel günstigerer wird.

Wenn ich der Bevölkerungsstatistik von 1889 die Zahl der
Patientinnen gegenüberstelle, die ich im Laufe des darauffolgenden
Jahres zu sehen bekam, so wird das Verhältniss 21,000 zu 320, also
etwa 70 zu 1; diese Zahlen, einem Procentsatz von 1,4 % entsprechend,
dürften wohl eher der wirklichen Sachlage entsprechen.

Etwas ungünstiger dürften diese Zahlen werden, wenn man bedenkt, dass — obwohl ich damals als einziger Gynäkologe das Haupt-
material in Händen hatte — doch sicher eine ganze Zahl leichterer
gynäkologischer Fälle auch von Anderen behandelt wurden. Rechnet
man diese dazu, dann wird die durchschnittliche Morbidität höher.

Unter den 1025 von mir behandelten Patienten fanden sich unter
anderen folgende Affectionen:

```
Ovarialtumoren . . . . . . . . .   64
Myome des Uterus . . . . . .      78
Carcinome des Uterus . . . . .   25,  operabel 12
   „    der Vagina . . . . .      2,     „     1
   „    der Vulva . . . . .       3,     „     1
Rupturen des Perin. II. Gr. . . . 101.  complete 34
Prolapsus vag. . . . . . . . .    14
   „    uteri . . . . . . . .      2
Retroflexionen . . . . . . . .   185,  fixirte 49
(Retroflexio uteri grav. . . . . . 13)
Bildungsanomalien   (Duplicaturen
   und Atresien) . . . . . . .    11
Graviditas extrauterina . . . . . 18
Blasenscheidenfisteln . . . . . .  6
```

Von selteneren Complicationen waren darunter:

```
Ovarialtumoren mit Myomen . . . . . .  5 Fälle
Ovarialtumor mit Carcin. ut. . . . . . 1 Fall
Myome mit Carcinoma ut. . . . . . .    4 Fälle
Ovarialtumor mit Schwangerschaft . . . 2 Fälle
Myom mit Schwangerschaft . . . . . .  10 Fälle
```

Von selteneren Erkrankungen fanden sich:

```
Elephantiasis vulvae . .  . . . . .  2 Fälle
Angiom der Lab. majus . . . . . . .  1 Fall
Sarkom der Vulva . . . . . . . . .   1 Fall
Gestieltes Fibrom der Vagina . . . . . 1 Fall
Papillom der Vagina . . . . . . . .  3 Fälle
Osteosarkom des Beckens . . . . . . . 1 Fall
Prolaps der Urethra . . . . . . . .  2 Fälle
Hernia inguinalis ovarii . . . . . . . 1 Fall
```

Tubenaffectionen, die deutlich zu fühlen waren, fanden sich 175, Affectionen der Ligamente, Parametritis etc. 188. Von den 1025 Patienten waren:

```
Virgines . . . . . . . .  . . . .  94
Nulliparen . . . . . . . .  . . . 192
Multiparen . . . . . . . .      739
                               ————
                               1025
```

Derartige Zahlen statistisch zu verwerthen, bleibt stets ein sehr zweifelhaftes Unternehmen. Schon der Versuch, eine Morbiditätsfrequenz daraus berechnen zu wollen, scheitert an der Unmöglichkeit, den Kranken die richtige Zahl der Gesunden entgegenstellen zu können. Dazu kommt noch, dass nach meiner Ankunft in Java Frauen unter Behandlung kamen, die oft schon eine ganze Reihe von Jahren krank gewesen waren, und denen ihre Mittel nicht erlaubten, in Europa Hilfe zu suchen, wie das glücklicher Situirte früher zu thun pflegten. Trotzdem ergeben die Zahlen einige bemerkenswerthe Unterschiede im Vergleich mit europäischen Statistiken, die in Zusammenhang stehen mit der tropischen Lebensweise.

Die europäischen Frauen und Mädchen führen in Java ein Leben, das mit wenigen Ausnahmen dem der bestsituirten Klassen in Europa gleichsteht. Eine grosse Anzahl Bedienter besorgt die häuslichen Angelegenheiten, so dass ihnen jede schwere und ermüdende körperliche Arbeit erspart ist. Mit Ausnahme von einigen wenigen ganz Mittellosen — in Batavia habe ich deren bloss zwei gekannt — hat jede Frau mindestens einen weiblichen Dienstboten zur persönlichen Bedienung.

Auch ausser dem Hause sind die Anforderungen an körperliche Anstrengung nicht gross. Einkäufe werden meist in eigenen oder den zahlreichen, sehr billigen Miethwägen besorgt, und nur in den frühen Morgenstunden oder nach Sonnenuntergang gestattet das heisse Klima einen Spaziergang von einigen Stunden.

Jede dauernde körperliche Anstrengung ist demnach bei den weissen Frauen Javas ausgeschlossen.

Zu der wenig anstrengenden Lebensweise kommt die bereits oben erwähnte Sitte, selten oder nie Corsetten zu tragen, und ferner der allgemein verbreitete Brauch von reichlichen Bädern und Waschungen.

Alle Frauen nehmen mindestens zwei Mal täglich, Morgens beim Aufstehen und um vier Uhr nach dem Mittagsschlaf ein indisches Bad, bestehend in reichlichen kalten Uebergiessungen nach Abseifung des ganzen Körpers. Tägliche Vaginalirrigationen werden schon bei Kindern angewendet und sind ein integrirender Theil der täglichen körperlichen Reinigung.

In scheinbarem Gegensatz zu dieser hygienischen Lebensweise steht die auffallende Blässe aller in den Tropen lebenden Europäerinnen, die Veranlassung selbst für Fachmänner war, von einer sog. tropischen Anämie zu sprechen und zu schreiben.

In einer sehr sorgfältigen, leider nicht genügend bekannt gewordenen Arbeit hat van der Scheer [1]) nachgewiesen, dass eine specifisch

---

[1]) Geneeskundig tijdschrift voor Nederlandsch-Indie, 30, S. 339 u. f.

tropische Anämie nicht besteht, da gesunde, länger in den Tropen lebende Europäer trotz der blassen Gesichtsfarbe eine gleich grosse Anzahl rothe Blutkörperchen und einen gleich grossen Gehalt an Hämoglobin haben, wie in Europa.

„Wir für uns,“ schreibt van der Scheer, „sind geneigt, die blasse Gesichtsfarbe dem directen Einfluss der hohen Temperatur der Umgebung auf die Innervation der Hautgefässe zuzuschreiben. Diese Meinung stützt sich auf bekannte Analogien.

Wir sehen ja, dass in kühlem Klima diejenigen Theile der Haut, welche der niedrigen Temperatur und dem oft starken Temperaturwechsel der Umgebung ausgesetzt sind, sich durch ihre rothe Farbe von den anderen, nämlich von den bekleideten Theilen, unterscheiden. Die letzteren befinden sich sozusagen in einem künstlichen tropischen oder subtropischen Klima. Sie stehen in Berührung mit feuchter warmer Luft von nahezu constanter Temperatur.

Wir sehen, dass die Hautgefässe darauf durch einen bleibenden Contractionszustand reagiren.

Dieselben Körpertheile, z. B. Hände und Arme, welche, bloss getragen, eine rothe Färbung zeigen, nehmen nach einiger Zeit, wenn sie stets bekleidet sind, mit anderen Worten: wenn sie sich längere Zeit in gleichmässiger warmer Umgebung befinden, eine blasse Farbe an. Auch die Haut des Gesichts macht davon keine Ausnahme.

Wir erinnern bloss an die blasse Gesichtsfarbe der sog. Stubenhocker. Wohl hat man auch diese der Blutarmuth zugeschrieben, wie uns vorkommt, jedoch aus gleich wenig plausiblen Gründen.“

Ich kann mich der Ansicht von van der Scheer unbedingt anschliessen und begrüsse seine sorgfältigen, beweisenden Untersuchungen mit um so mehr Genugthuung, als ich schon im Mai 1889 die Vermuthung ausgesprochen hatte, dass eine specifisch tropische Anämie ebensowenig bestünde, als der specifisch tropische Fluor albus.

Während früher die „allgemeine Ueberzeugung“ herrschte, dass alle in den Tropen lebenden Europäerinnen an Fluor albus leiden, konnte ich [1]) auf Grund von 130 daraufhin untersuchten Frauen nachweisen, dass zunächst beinahe 50 % derselben überhaupt keinen Ausfluss hatten, und bei den anderen der bestehende Fluor albus auf

---

[1]) Geneeskundig tijdschrift voor Nederlandsch-Indie, 29, S. 411.

anderweitige gynäkologische Erkrankungen, meist auf Cervicalkatarrh zurückzuführen war.

Berücksichtigt man dabei, dass die Untersuchten alle als Patientinnen zu mir kamen, so kann man, die Gesunden mitgerechnet, mit Sicherheit sagen, dass die meisten europäischen Frauen keinen Fluor haben; jedenfalls ist erwiesen, dass ein specifisch tropischer Fluor albus nicht besteht.

Bezüglich der Kleidung habe ich den oben erwähnten Bemerkungen über den sparsamen Gebrauch des Corsets noch Folgendes zuzufügen.

Ausser einem dünnen Hemd (Kamedia) oder Leibchen (Kutang) besteht die Kleidung der europäischen Frauen aus dem Sarong, einem mit breitem Bande um die Hüften befestigten, lose umgeschlagenen Tuche, und der Kabaia, einer dünnen, mit Spitzen besetzten, taillenlosen Jacke; die blossen Füsse sind mit leichten Pantoffeln bekleidet.

Nur in den Abendstunden und ausser dem Hause werden leichte Sommerkleider von europäischem Schnitt, Strümpfe und Schuhe getragen.

Die Kinder tragen bis zu ihrem zwölften und vierzehnten Jahre die Tjelana monjet (Affenhose), eine Art lose Hemdhose ohne Aermel, die auf dem Rücken geschlossen wird. Aeltere Mädchen tragen darüber das Badju, ein der Kabaia entsprechendes Kleidungsstück.

Weniger allgemein verbreitet ist der Gebrauch der Trompas, der mit einem Riemen zwischen erster und zweiter Zehe befestigten Sandalen.

Bei dieser Art der Kleidung kann die Entwickelung des kindlichen Körpers frei und ungehindert zu ihrem Recht kommen, bei den erwachsenen Frauen wird die Blutcirculation in den Beinen weder durch drückende Schuhe noch durch spannende Strumpfbänder gestört, und durch das Fehlen des Corsets und der schnürenden Rockbänder werden die Brustorgane nicht eingezwängt und die Bauchorgane nicht nach unten gepresst, so wie dies in Europa der Fall ist.

Aus alledem erklärt sich zunächst die Thatsache, dass trotz der grossen Anzahl completer und incompleter Rupturen, trotz der grossen Anzahl Retroflexionen die Prolapse so äusserst selten sind. Grosse Prolapse, wie sie hauptsächlich die arbeitende Klasse den europäischen Polikliniken als tägliches Brod liefert, habe ich in Indien überhaupt nicht zu sehen bekommen.

Unter den sechzehn von mir beobachteten und operirten Fällen von Prolaps waren nur zwei, und zwar unvollständige Uterusprolapse.

Im einen Fall handelte es sich um eine seit zwölf Jahren bestehende Elongation und Hypertrophie des intravaginalen Halstheiles mit Hervortreten der Portio durch die Rima pudendi; im zweiten, der seit 23 Jahren bestand, um eine Elongatio cervicis intermedia mit faustgrossem Prolaps der vorderen Wand und der Portio, complicirt mit einer Retrocele vaginalis.

Die sämmtlichen übrigen vierzehn Fälle waren reine Vaginalprolapse, und waren selbst bei starkem Pressen niemals mehr als kinderfaustgross vor der Vulva zu sehen.

Kein einziger der Fälle zeigte erodirte oder excoriirte Stellen.

Ueber die relative Häufigkeit der Retroflexio uteri (18 %) werde ich weiter unten sprechen, da dieselben auch bei Europäerinnen zum Theil in Verband stehen mit den Manipulationen javanischer Frauenärztinnen.

Die grosse Zahl der Perinealrupturen, 10 % der sümmtlichen Fälle, erklärt sich aus dem Umstande, dass mir von allen Seiten Patienten zugeschickt wurden; demselben Umstande ist es zuzuschreiben, dass unter den 25 Carcinomen 12 operable Fälle waren.

Auch die verhältnissmässig grosse Zahl der Ovarialtumoren und der Myome erklärt sich daraus, dass durch Zuschickung ernsterer Fälle von ausserhalb die schwereren Affectionen überwiegen im Verhältniss zu Europa.

Die grössere Zahl der Myome gegenüber den Ovarialtumoren deckt sich mit europäischen Verhältnissen; die im Verhältniss geringere Zahl der Carcinome ist erklärlich aus dem Umstande, dass die meisten ülteren Frauen, wenn die Verhältnisse es ihnen gestatten, nach Europa zurückkehren.

Was endlich die Häufung der operativen Fälle im Allgemeinen betrifft, so ist dieselbe eine Folge davon, dass vor meiner Ankunft in Java grössere Operationen, wie Laparotomien und Totalexstirpationen, überhaupt nicht, kleinere nur selten und ungern verrichtet wurden. Doch darüber später.

IV.

Vertheilung gynäkologischer Krankheiten unter den eingeborenen Frauen.

Als Grundlage zur Beurtheilung der gynäkologischen Krankheiten unter javanischen Frauen können die Resultate dienen, die ich bei einer Reihe von 1000 javanischen Prostituirten erhob [1]). Von diesen waren 162, d. i. 16 % gynäkologisch gesund.

Die übrigen 838 hatten die folgenden Affectionen:

Retroflexio uteri	605	=	60 %
Ovarialtumoren	130	=	13 %
Myome	90	=	9 %
Tubenaffectionen	104	=	10 %
Krankheiten der Adnexe	25	=	2.5 %
Prolaps	22	=	2.2 %
Bildungsanomalien	24	=	2,4 %
Elephantiasis vulvae	2		
Uterus duplex und Vagina septa	1		
Strictur der Vagina	1		
Osteom des Beckens	2		
Papillomatöse Polypen der Urethra	3		
Ruptura perinei	14	=	1.4 %
Ruptura perinei compl.	1	=	0,1 %

Unter einer zweiten Reihe von 750 Frauen mit 501 gynäkologischen Patienten, die ich in Surabaia klinisch beobachten konnte, hauptschlich als Chef des Frauenhospitals Pegirian, fand ich die folgenden Affectionen:

Retroflexio uteri	371
Tubenaffectionen	274
Myome	16
Ovarialtumoren	34
Carcinoma uteri	1
Ruptura perinei II	15
Ruptura perinei completa	0
Prolapsus vaginae	45
Bildungsanomalien	13

[1]) Tijdschrift voor Verloskunde en Gynaecologie, 1891.

Ueber eine weitere Reihe von 450 javanischen Soldatenfrauen, die ich, zum Theil mit anderen Collegen zusammen, im Hospital in Batavia behandelte, habe ich nur vereinzelte Aufzeichnungen gemacht, so dass ich dieselben nicht in ihrer Gesammtheit statistisch verwerthen kann.

Endlich lasse ich ausser Betracht 136 javanische Privatpatienten, die meist wegen schwerer Erkrankungen zu mir geschickt wurden und deshalb für eine allgemeine Statistik nicht verwerthbar sind.

Zur statistischen Verwerthung bleiben demnach 1750 Frauen, die nicht speciell wegen gynäkologischen Leiden unter meine Beobachtung gekommen sind.

Zusammen hatten dieselben:

Ovarialtumoren	164	$= \pm 9.5\,°/0$
Myome	106	$= \pm 6\,°/0$
Retroflexionen	976	$= \pm 55\,°/0$
Rupturen des Perinaeum	29	$= 1\frac{1}{2}\,°/0$
Rupt. perin. compl.	1	$= 0,017\,°/0$
Prolaps. vagin.	67	$= \pm 4\,°/0$
Gynäkologisch gesund waren	411	$= \pm 24\,°/0$

Die ausserordentlich grosse Morbiditätsfrequenz von 76 °/0 ist hauptsächlich verursacht durch die Masse von Retroflexionen, an denen mehr als 50 °/0 aller untersuchten Frauen litten. Dieses Factum an und für sich schon musste meinen Verdacht erregen, dass es sich hierbei nicht um natürliche Zustände handle; ich werde weiter unten ausführen, wie sich dieser Verdacht bestätigte und welche Beweise und Erklärungen ich dafür gefunden habe.

Im Gegensatz zu der in Amerika von verschiedenen Autoren beobachteten Thatsache, dass sich bei Negerinnen und Mulattinnen häufiger Myome als Ovarialtumoren finden, kann ich constatiren, dass bei den Javaninnen, ebenso wie bei den Europäerinnen, die Ovarialtumoren vorherrschen.

Der Procentsatz für Myome ist geringer, als er von Bayle (20 °/0) und Klob (40 °/0) nach Leichenbefunden aufgestellt wurde.

Da ich jedoch nur die klinisch deutlich charakterisirten Myome als solche bezeichnet habe, so ist es leicht erklärlich, warum ich zu einem geringeren Procentsatz gekommen bin. Dazu kommt noch, dass die Statistik von Bayle nur Frauen berücksichtigt, die älter als 32,

Klob selbst nur solche, die älter als 50 Jahre gestorben sind. Unter meinen Patienten war jedoch die grössere Anzahl viel jünger. Winckel fand an 575 weiblichen Leichen 75 = 12 % Myome, unter 135, die das 35. Lebensjahr noch nicht erreicht hatten, 7 = 5 %. Damit verglichen dürften die von mir gefundenen Zahlen beweisen, dass die Frequenz der Myome bei den Javaninnen ungefähr die gleiche ist, als bei den Europäerinnen.

Was die Ovarialtumoren betrifft, so fand Winckel in Dresden unter 2380 116 = 4,8 % Ovarialtumoren, ich dagegen unter 1750 Javaninnen 164 = 9,5 %.

Man muss daraus entweder schliessen, dass die Frequenz der Ovarialtumoren bei den Javaninnen grösser ist, oder — und das ist mir wahrscheinlicher — dass zu meiner Zeit in Java eine grössere Zahl mit unoperirten Ovarialcysten herumlief, als zu Winckel's Zeit in Dresden. Von allen gynäkologischen Erkrankungen sind ja gerade die Ovarialcysten diejenigen, die die sprechendsten Symptome machen und die zuerst dem Messer des Gynäkologen verfallen.

Als sprechendster Beweis hierfür möge die Statistik der von mir behandelten chinesischen Frauen dienen. Dieselben sind sehr ängstlich und messerscheu, und wenn auch das Vertrauen derselben auf die europäische Medicin ziemlich hoch ist, so rufen sie den Chirurgen doch nur im äussersten Nothfall, bei sehr lästigen Symptomen oder bei längerem Ausbleiben der heissersehnten Nachkommenschaft.

Von den siebzehn Chinesinnen, die mich consultirten, litten an

Gonorrhoischer doppelter Salpingitis 4
Atresia vaginalis mit Huematometra 1
Carcinomatöser Peritonitis mit starkem Ascites . . 1
Pruritus und Diabetes 1
Ovarialtumoren 8

darunter war einer mit Myom complicirt. Von den zwei Uebrigen, die beide an einer grossen Geschwulst zu leiden glaubten, hatte die eine einen Pseudotumor, der in der Narkose verschwand; die letzte endlich war schwanger, ohne es zu wissen.

Von siebzehn waren demnach elf wegen wirklicher oder eingebildeter grosser Geschwülste zu mir gekommen, eine wegen der lästigen Symptome des Pruritus und fünf wegen Sterilität resp. Unmöglichkeit des Coitus.

Eine auffallende Erscheinung war, dass die meisten Ovarialtumoren bei eingeborenen Frauen mehr oder weniger intraligamentär
entwickelt waren und nur äusserst selten einen deutlichen Stiel besassen.
Die Rupturen, vorall die completen, finden sich bei Javaninnen
in absolut und relativ geringerer Zahl als bei den Europäerinnen; die
Prolapse dagegen sind zahlreicher, entstammen jedoch ohne Ausnahme
der ärmsten, am schwersten arbeitenden Klasse.
Auf alle diese Zustände komme ich weiter unten im Zusammen-
hange zurück.

Die geringe Anzahl von Carcinomen unter den von mir untersuchten Javaninnen erklärt sich zunächst aus dem Umstande, dass die
erste Serie von 1000 ausschliesslich aus puellae publicae, demnach aus
jüngeren Individuen, bestand. Für die Uebrigen gilt dasselbe, was
zum Theil für die chinesischen Frauen gesagt ist. Sie kommen erst
um Hilfe, wenn sehr ernsthafte Symptome vorliegen, und da diese bei
Carcinom bekanntlich meist sehr spät auftreten, so bekommt man die
Kranken selten zu sehen, um so schwieriger, da es sich meist um bejahrte Frauen handelt, die von Natur dem Fremden gegenüber noch
viel misstrauischer sind, als ihre jüngeren Schwestern.

Ich habe im Ganzen bei allen Javaninnen neun Fälle von Carcinoma uteri gesehen, alle neun im letzten Stadium mit carcinomatöser
Infiltration des ganzen Beckens und höchster Kachexie.

Die Kleidung der Javaninnen besteht bei den besseren Klassen
und in den grösseren Städten aus Sarong und Kabaia; alle gehen bar-
fuss. In den höher gelegenen Gegenden, namentlich in den sog. Fürsten-
ländern und den Preanger Regentschaften, tragen die Frauen ausschliesslich den Sarong oder statt dessen das Kain, ein langes, um den Leib
gewickeltes Tuch; die Brust bleibt unbedeckt.

Sie baden sich häufig, meist zwei Mal am Tage, und reinigen
dabei auch sorgfältig die Vagina. Sehr selten sieht man auch bei
jüngeren, unverheiratheten Javaninnen ein Hymen; dasselbe wird häufig
zum Zweck der Reinigung oder vielleicht auch unabsichtlich beim Vornehmen derselben zerstört.

Abgesehen von einigen seltenen Fällen hymenaler Atresie habe
ich bei javanischen Mädchen meist nur sehr dehnbare, halbmondförmige
Hymen gefunden. Wo das Hymen fehlte, traf ich wandständige
Ueberreste, die jedoch den Carunculae myrtiformes unserer Deflorirten

an Grösse und Wulstung weit nachstanden, was darauf schliessen lässt,
dass die Zerstörung des engen Hymens in einer sehr frühen Lebens-
periode vorgenommen worden ist.

Ueber die übrigen Lebensverhältnisse der javanischen Frauen, die
natürlich, ihrem Stande entsprechend, sehr verschieden sind, hier ausführlich zu berichten, würde den Rahmen der Arbeit zu sehr über-
schreiten. Ich begnüge mich mit der Bemerkung, dass Hunger und
Kälte bei den vorzüglichen klimatischen Verhältnissen auch in ärmeren
Klassen unbekannt sind.

Bezüglich der Blässe gilt von den Küstenbewohnern dasselbe,
was oben von den Europäern gesagt ist. Bei der stark pigmentirten
Haut ist es natürlich für den Ungeübten viel schwieriger, die Blässe
zu erkennen; viel leichter dagegen kann man bei den javanischen
Bergbewohnern, die der kälteren Temperatur ausgesetzt sind, die rothen
Wangen durch die Broncefarbe hin leuchten sehen.

V.

Geburtshilfe bei den javanischen Frauen.

Die Ausübung der Geburtshilfe und der Gynäkologie bei den
javanischen, den gemischten und auch bei vielen europäischen Frauen
liegt in den Händen der Dukun, der „weisen Frau" der Javanen.

Ueber deren Thätigkeit herrschen die widersprechendsten Ansichten, von den meisten Aerzten werden sie auf eine Linie gestellt
mit unseren Quacksalbern und Naturärzten, von einigen wenigen —
unter anderen von van der Burg, der ein dickleibiges Buch über javanische Medicin [1]) geschrieben hat — werden ihnen unleugbare Ver-
dienste zuerkannt.

Da sich die Dukun in geheimnissvolles Dunkel hüllt, so ist es
sehr schwierig, den Werth der durch sie verrichteten Heilungen un-
parteiisch beurtheilen zu können, und man darf den Laienerzählungen
darüber nicht allzu grossen Glauben beimessen.

---

[1]) De geneesheer in Nederlandsch-Indie. Drie deelen.

Soweit ich mit Dukuns in Berührung gekommen bin, haben dieselben auf mich einen im Allgemeinen sehr günstigen Eindruck gemacht; die meisten unter ihnen stehen auf einer höheren Stufe als der
Durchschnitt unserer Hebammen.

Zunächst besitzen sie einen Schatz von Heilmitteln, die sie sorgfältig geheimhalten. Aus diesem Grunde lässt sich der Werth derselben nicht beurtheilen; ich habe gute und schlechte Erfolge gesehen,
und habe den Eindruck gewonnen, dass es sich um — unseren Hausmitteln ähnliche — durch Ueberlieferung vererbte Decocte und Infuse
handelt, die nicht überall die gleichen sind. Ausser inwendigen Mitteln
werden häufig auch aromatische Salben und Oele benutzt.

Jede einzelne Dukun hat nur eine beschränkte Anzahl wirk-
samer Mittel, wodurch eine Art Specialitätenthum unter ihnen aus-
gebildet ist; die eine ist bekannt für ihre Erfolge bei Darmaffectionen,
eine zweite für glänzend abortive Thätigkeit, eine dritte für rheuma-
tische Krankheiten, für Bandwürmer u. s. w.

Zweifellos sind viele der von ihnen angewandten, uns unbekannten
Mittel von grossem therapeutischen Werth; es lag jedoch nicht auf
meinem Wege, allen Schwierigkeiten zum Trotz, ihre diesbezüglichen
Geheimnisse zu erforschen.

Seit Jahren werden unter Leitung des hervorragenden Botanikers
Treub in Buitenzorg umfangreiche Untersuchungen über den therapeutischen Werth der indischen Pflanzen ausgeführt, und es hat allen
Anschein, dass auf diesem Wege unsere Materia medica wesentlich
bereichert werden wird.

Ausser diesen Arzneimitteln und einer oft sehr ausgedehnten praktischen Erfahrung verfügen die Dukuns über eine manuelle Technik
in Massage, wie sie ausser Metzger wohl keinem europäischen Fach-
genossen zur Verfügung steht.

Mit liebenswürdiger Offenheit schreibt van der Burg[1], „dass der
Arzt oft erstaunen muss über die scharfe Entwickelung des Gefühls
bei diesen Masseusen, in Fällen, wo er selbst nichts Abnormales findet",
und weiter unten:

„Es ist mir (und nicht mir allein, sondern auch mit anderen
Aerzten zusammen) oft vorgekommen, dass Klagen über localen Schmerz

---

[1] L. c. p. I. deel, S. 249.

pathologisch-anatomisch nicht erklärt werden konnten, wobei auch
nichts half; die Masseuse fühlte ein „Urat sala" (falschen Nerv), den
andere nicht nachweisen konnten; das Resultat der Massage bewies
meist, dass sie richtig gefühlt hatte."

Wenn ich auch nicht so weit gehe als van der Burg, dass ich
ex juvantibus der Dukun ein feineres Tastgefühl vindicire, als ich selbst
besitze, so muss ich doch anerkennen, dass ich mich bei verschiedenen
Gelegenheiten von der ausserordentlichen Feinheit desselben — übrigens
eine Eigenthümlichkeit des ganzen Volkes — habe überzeugen können.
Gerne gestehe ich auch ein, dass ich in dieser Beziehung manches von
den bräunlichen Colleginnen gelernt habe.

Wenn man bedenkt, dass die Dukuns so gut wie gar nicht
vaginal, geschweige denn bimanuell untersuchen, so ist es oft erstaunlich, mit welcher Sicherheit sie mit äusseren Handgriffen allein die
Diagnose einer Kindeslage stellen können.

Ausser ihrer geburtshilflichen Erfahrung erfreuen sich die Dukuns
des Rufes, dass sie Schwangerschaft nach Belieben verhüten und her-
vorrufen können. Es ist mir, wie ich weiter unten berichten werde,
geglückt, mit unzweifelhafter Sicherheit hinter dieses Geheimniss zu
kommen.

Man nimmt allgemein an, dass, wie alle Naturvölker, so auch die
Javaninnen besonders rasch, leicht und schmerzlos gebären. Ich glaube
im Gegentheil, dass die meisten abnormalen Kindeslagen, sowie alle
Beckenanomalien unvermeidlich den Tod von Mutter und Kind zur
Folge haben, und dass derartige Fälle ziemlich häufig vorkommen.

Dass Kindbettfieber, wie man annimmt, bei den Javaninnen niemals vorkommt, ist ebenfalls nicht richtig; ich selbst habe verschiedene Javaninnen, bei denen meine Hilfe zu spät kam, am Puerperalfieber sterben sehen; ähnliches berichten mir verschiedene glaubwürdige
Collegen.

Als Beispiel einer kräftigen Natur erzählte mir Dr. Lowe, dass
er einmal bei einer javanischen Soldatenfrau wegen Querlage eine
Wendung gemacht habe. Nach erfolgter Wendung stand die Frau
auf, wusch sich und das heraushängende Bein des Kindes im nahe-
liegenden Fluss, nahm darauf wieder die vorgeschriebene Lage ein
und liess die Extraction vornehmen.

Mir selbst ist es vorgekommen, dass ich eine javanische Frau, bei der ich eine frischpuerperale, stark blutende totale Inversion des Uterus reponirt hatte, am folgenden Tage wieder bei ihren häuslichen Beschäftigungen fand.

Derartige Ausnahmen beweisen nichts; sie kommen in Europa ebenso gut vor. Von einer urwüchsigen Berlinerin, bei der ich wegen Placenta praevia die Wendung gemacht hatte, kann ich berichten, dass sie, während ich dem poliklinischen Praktikanten die nöthigen weiteren Instructionen gab, vom Bett aufstand und sich mit einer kräftigen „Weissen" für den weiteren Verlauf der Geburt stärkte.

Da es nicht möglich ist, die Frequenz schwerer Geburtsfälle auch nur annähernd zu berechnen, so will ich mich im Folgenden darauf beschränken, die in Java übliche Geburtshilfe, so weit mir bekannt, zu besprechen, und zur Stütze meiner oben ausgesprochenen Ansicht einige schwere, und zum Theil tödtlich verlaufene Geburtsfälle berichten, bei denen ich Zeuge war.

Die übliche Geburtslage scheint die gewöhnliche Rückenlage zu sein. Die Gebärende liegt entweder auf einer Matte, auf dem Boden oder auf einer niedrigen Bettstatt, der indischen Balibali.

In schwierigen Fällen wird der Oberkörper mehr oder weniger aufgerichtet und unterstützt, indem die Kreissende sich entweder mit den Schultern, halb sitzend, gegen die Wand lehnt oder durch eine hinter ihr hockende Person, meist eine Frau, gehalten wird.

Religiöse und abergläubische Gebräuche vor und während der Geburt, wie sie von zahlreichen Berichterstattern gegeben werden, habe ich niemals gesehen, vielleicht weil ich selten vom Beginn an bei einer Geburt zugegen war.

Von unschädlichen Hausmitteln habe ich verschiedene Male Räucherungen der Genitalien mit in kochendem Wasser ausgelaugten Pflanzentheilen, Auflegen von Blättern, roh, gekocht, gekaut (?) oder zerrieben, auf den Unterleib und vor die Genitalien und Einreibung des Unterleibs und der Genitalien mit Oel beobachten können.

Sobald die Wehen beginnen, wird um die Taille ein Slendang (etwa 5 m langes Tuch) oder ein Benkun (eine etwa 10 m lange, 40 cm breite Binde von dünner Leinwand) gelegt und über dem Uterusfundus fest angezogen und geknotet. Tritt das Kind tiefer, so wird entweder unter der ersten eine neue Tour geknüpft, oder das Tuch wird gelöst und tiefer wieder umgelegt.

Während der ganzen Dauer der Geburt werden die eingeölten äusseren Geschlechtstheile von der Dukun sanft gerieben.

Fehlerhafte Kindeslagen werden durch äussere Handgriffe verbessert; durch Kneten und Reiben des Unterleibes werden die Wehen verstärkt. In der Austreibungsperiode wird mit kräftigem Druck auf das Abdomen nachgeholfen.

Ich war Zeuge, dass in einem — nicht gerade schwierigen Falle — zwei Dukuns neben der auf dem Boden liegenden Kreissenden standen, mit den Händen die beiden Enden des festgeschürzten Slendangs straff anzogen und mit den Füssen auf den blossen Bauch der Gebärenden traten und so das Kind herauspressten.

Intravaginale Manipulationen einer Dukun habe ich nie gesehen; alle von Dukuns entbundenen europäischen Damen, die ich darüber befrug, sagten auch übereinstimmend aus, dass dies bei ihnen niemals stattgefunden habe.

Das neugeborene Kind wird nicht abgenabelt, bevor auch die Nachgeburt spontan oder durch manuellen Druck geboren ist. Dann erst wird, nachdem der Nabelstrang gegen das Kind zu ausgedrückt ist, eine einmalige Unterbindung vorgenommen; hinter derselben wird der Nabelstrang mit stumpfen Instrumenten durchgerissen.

Gleich nach der Geburt wird der Unterleib der Mutter sehr fest in den Benkun eingewickelt, wobei die Wöchnerin stehend sich in die straff gehaltene Binde hineindreht. Statt dessen wird häufig, namentlich auch bei Mischlingen und europäischen Frauen, die Gurita angewendet.

Die Gurita besteht aus zwei in der Mitte an einander genähten viereckigen Leinwandlappen, von denen der äussere in fünf bis zehn breite Streifen gespalten ist. (Fig. 10.)

Die inneren nicht gespaltenen Lappen werden fest um den Körper angezogen, wo nöthig, wird darunter noch ein zusammengelegtes Tuch zur Erhöhung des Druckes gelegt; dann werden die Enden der äusseren Blätter fest angezogen und in der Mittellinie geknüpft.

Dieser Verband hat sich mir auch als sehr praktisch bei Laparotomien erwiesen. Einmal angelegt, gestattet er nach Bedarf die einzelnen Knoten beliebig zu lockern und fester anzuziehen.

Noch grösseren Halt gibt die Gurita, wenn man sie bis auf die

Mitte der Oberschenkel verlängert (Fig. 10 *a*). Bei den Entleerungen können dann vorübergehend die untersten Knoten geöffnet werden.

Was für Mittel die Dukuns anwenden, um eine Blutung nach der Geburt zu stillen, ist mir unbekannt; sicher ist, dass dieselben

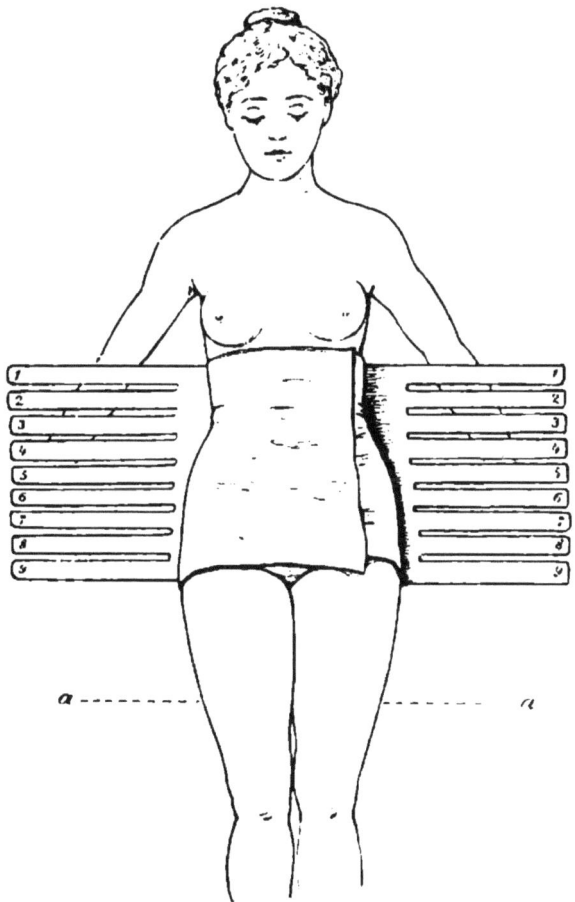

Fig. 10. Indische Gurita.

häufig im Stiche lassen. Fünfmal habe ich einen Todesfall an Verblutung constatirt; in einem dieser Fälle fand ich die Vagina mit zerdrückten Pflanzenblättern tamponirt, in den vier anderen waren keine Spuren irgend welcher Therapie von Seiten der Dukun wahrzunehmen.

In einem einzigen Falle war es einer Dukun gelungen, durch einen sinnreich angebrachten Verband von Kissen und Tüchern den Uterus gegen die Symphyse zu comprimiren und so der Blutung Herr zu werden.

Diese Beobachtungen streifen schon mehr an den pathologischen Theil der Geburtshilfe, und die Frage liegt nahe, inwieweit dabei die Dukuns ihrer Aufgabe gewachsen sind.

Der allgemeinen Ansicht, dass kaum unter den Javaninnen schwere Complicationen vorkommen, habe ich bereits oben widersprochen.

Zunächst sprechen dagegen meine Messungen einer grösseren Zahl javanischer Frauenbecken; daraus geht deutlich hervor, dass platte sowie allgemein verengte Becken nicht zu den Seltenheiten gehören.

Ausser den Fällen von Geburten bei engen Becken, die ich poliklinisch behandelte, habe ich verschiedene Fälle von Eklampsie, von Placenta praevia, von vorzeitiger Placentarlösung bei Nephritis und verschiedene Anomalien in der Kindeslage, darunter sechs verschleppte Querlagen, beobachten können.

Dazu kommen noch fünfzehn, stets günstig für die Mutter verlaufene Fälle von Tympania uteri und etwa zwanzig intra partum entstandene, schwere, meist tödtliche puerperale Infectionen.

Die Zahl der von mir ganz oder theilweise beobachteten Geburten bei Javaninnen beläuft sich auf 348; ich veröffentliche dieselben nicht im Ganzen aus zwei Gründen: einmal geben dieselben keine gute Uebersicht, da ich, besonders im Beginn meiner Thätigkeit, nur in den schwersten Fällen, meist nach tagelangem Kreissen, hinzugezogen wurde; zum zweiten aber habe ich nur von den wenigsten Geburten über genaue Angaben und eine genügende Beobachtungszeit zu verfügen.

Der Grund dafür liegt in der eigenthümlichen Auffassung der Javanen, die meine geburtshilflichen Erfolge als etwas Uebernatürliches ansahen; ich war dadurch gezwungen, mich, um meine Autorität zu wahren, nur selten zu zeigen, nur dann, wenn ich sofort handelnd auftreten konnte. Beim weiteren Verlaufe musste ich mich zufriedenstellen mit den meist unzuverlässigen Berichten der Dukuns oder der halbeuropäischen Hebammen, die mich zugezogen hatten. Erst am vierzehnten Tage sah ich dann die Patienten selbst wieder, wenn sie, der Sitte gemäss, mir als Dankbezeugung einen Büschel Bananen brachten.

Als Merkwürdigkeit ist der Vermeldung werth, dass ein armer Javane, dessen Frau ich geholfen hatte, vierzehn Tage ohne Entgelt in meinem Garten arbeitete, um auf diese Weise seine Dankbarkeit zu zeigen.

Bei der Stellung der Prognose war die äusserste Vorsicht nöthig; der geringste Fehler in dieser Hinsicht hätte meine Autorität für immer vernichtet. In allen septischen Fällen, die meist in extremis waren, konnte ich ohne Zaudern die Prognose absolut infaust stellen, mit eben solcher Sicherheit, die kräftige Natur der Javaninnen kennend, stellte ich bei Tympania uteri nach Entfernung des Kindes und guter Desinfection des Uterus die Prognose stets günstig. In einigen zweifelhaften Fällen musste ich mir damit helfen, zu sagen: „Ich habe das Meinige gethan, das Weitere muss Tuan (Herr) Allah thun." Und meistens that er's auch; ich kann z. B. constatiren, dass von den siebzehn Fällen von Eklampsie, die ich gesehen, kein einziger gestorben ist.

Meine Behandlung bestand, ausser baldmöglichster Beendigung der Geburt, in Darreichung von kleinen Dosen Digitalis nebst Milchdiät und Clysmata von Milch und Chloralhydrat.

Von sieben in gleicher Weise behandelten Europäerinnen habe ich eine verloren, die sechs Stunden p. p. unter den Erscheinungen von Lungenembolie zu Grunde ging.

Während mit dem wachsenden Vertrauen die Javanen später meinen Beistand zeitiger anriefen, sah ich im Anfang meist nur sehr schwierige, oft hoffnungslose Fälle. Der erste Fall, den ich sah, war eine eklamptische Primipara, am dritten Tag in der Geburt, mit tief im Becken steckendem Kopf und todtem Kind. Die Anwendung einer leichten Narkose und die in diesem Falle sehr leicht und rasch ausführbare Perforation des abgestorbenen Kindes verschafften mir eine leicht verdiente Bewunderung, die noch erhöht wurde, als auch durch ein glückliches Zusammentreffen die eklamptischen Anfälle nicht mehr zurückkehrten.

Von den oben erwähnten sechs verschleppten Querlagen gelang in einem Falle noch die Wendung, in vieren musste die Embryotomie gemacht werden, und im sechsten, wo es sich um einen zweiten Zwilling handelte, glückte die Extraction conduplicato corpore.

Die jüngste Patientin, die ich mit Forceps nach zweitägigem

Kreissen entband, war eine junge Javanin von 12 ½ Jahren. In diesem Falle liess sich das Lebensalter ermitteln, da sie zugleich geboren war mit der Tochter des Hauses, in dem ihre Mutter diente. Es machte einen eigenthümlichen Eindruck, die junge javanische Frau als Wöchnerin zu sehen, während ihre europäische Milchschwester noch in kurzen Kleidern umherging und mit Puppen spielte.

Während ich bei Placenta praevia später rechtzeitig gerufen wurde, waren die beiden ersten Fälle, die ich sah, bei meiner Ankunft bereits an Verblutung gestorben. Ueber einen dritten Fall, bei dem ich Gelegenheit hatte, die noch warme Leiche der Soldatenfrau zu untersuchen, habe ich a. a. O. berichtet [1].

Aus allen diesen Beobachtungen geht ohne Zweifel hervor, dass schwere Geburten mit allen in Europa bekannten Complicationen ebenso wie tödtliche Fälle von Puerperalfieber bei den Javaninnen vorkommen.

Eine weitere Schlussfolgerung ist, dass die Kenntniss der Dukuns diesen schweren Fälle nicht gewachsen ist, und dass der Tod von Mutter und Kind die unvermeidliche Folge ist, wenn nicht noch ärztliche Hilfe dazukommt.

Dass dagegen jede abnorme Kindeslage ein Todesurtheil für die javanische Mutter ist — eine Ansicht, der einige erfahrene Collegen im Innern Javas huldigen — gilt, wie mir scheint, nicht für alle Dukuns. Mir wenigstens ist zu wiederholten Malen vorgekommen, dass bei javanischen, sowie bei europäischen Frauen die Dukun eine mit Sicherheit constatirte Querlage, einmal sogar nach dem Blasensprung, allein durch äussere Handgriffe in eine Schädellage verwandelt hat. In einem Falle, den ich in seinem ganzen Verlauf beobachten konnte, bewunderte ich die Geduld und die Ausdauer der Dukun, die innerhalb einer guten Stunde die Wehenpausen sehr geschickt dazu benutzte, um dieses Kunststück fertig zu bringen.

Schliesslich sei noch erwähnt, dass ich zwei Mal Gelegenheit hatte, eine javanische Frau mit Stachelbecken zu untersuchen. In dem einen Fall, wobei der Stachel, etwa 3 cm lang, breit in der Gegend der linken Articulatio sacroiliaca sass, verlief die Geburt des allerdings sehr kleinen Kindes spontan ohne irgend welche Störung. Die zweite Frau,

---

[1] Zeitschrift für Geburtshülfe und Gynäkologie. Bd. 26, S. 421.

mit einem ähnlich gelegenen Stachel an der rechten Seite, versicherte mir, dass auch sie mehrmals leicht entbunden worden war.

Im Wochenbett beschränkt sich die Thätigkeit der Dukun ausser dem kunstgerechten Anlegen des „Benkun" auf täglich mehrmals wiederholtes Massiren „ankat prut" (prut = Bauch und ankat = wegnehmen), das in sanftem Streichen von hinten nach vorn besteht. Diese beiden Behandlungsweisen verhüten das Entstehen eines Hängebauchs, der auch in der That in Java äusserst selten vorkommt.

Auf eine andere Art des „Ankat prut", die einige Verwirrung in die Auffassung des Wortes gebracht hat, werde ich weiter unten zurückkommen.

Auffallend ist bei sämmtlichen Javaninnen und auch bei zahlreichen Mischlingen die sehr rasche Involution des puerperalen Uterus.

Ich habe verschiedene Male am vierten Tage nach der Geburt den Uterus beinahe völlig involvirt gefunden, einem Befund entsprechend, wie wir ihn in Europa am vierzehnten bis zwanzigsten Tage nach der Geburt gewohnt sind.

.

VI.

Geburtshilfe bei den europäischen Frauen.

Die Ausübung der Geburtshilfe nach europäischem Modell lag in den Händen einiger sehr mittelmässig in Java ausgebildeten eingeborenen Hebammen, einiger Hebammen aus der alten Schule und in denen der Aerzte.

Erst sehr viel später als ihre europäischen Schwestern entschlossen sich die weissen Bewohnerinnen Javas, einen Arzt zur Entbindung zuzuziehen.

Dies ist erklärlich, wenn man bedenkt, dass in Holland bis vor Kurzem die Geburtshilfe nur für die Kategorie der „artsen" obligatorisch war. Unter den in Indien practicirenden Aerzten, die sich meistens aus dem Sanitätscorps rekrutiren, waren manche, die sich überhaupt niemals mit Geburtshilfe abgegeben hatten und dann auch meistens ihre Hilfe weigerten.

Ich habe unter meinen Kameraden verschiedene sehr tüchtige Geburtshelfer kennen gelernt, die einige Jahre als Assistenten in holländischen Kliniken gearbeitet hatten. Die Militärpflichten jedoch und die lästigen häufigen Versetzungen nach kleineren vorgeschobenen Posten waren nicht geeignet, die erworbenen Kenntnisse in der Praxis zu erproben und zu erweitern. Mit Leidwesen bin ich zu wiederholten Malen Zeuge gewesen, dass die moderne Ausbildung eines strebsamen Collegen nicht Anerkennung fand, und dass ein kurzsichtiger Vorgesetzter durch eine derartige „overplaatsing" ein junges Talent zu jahrelangem Nichtsthun verdammte und dadurch wissenschaftlich vernichtete.

Alle diese Umstände, zusammen mit dem lebhaften Wechsel der europäischen Bevölkerung, machten es sehr schwierig, einen richtigen Einblick in die geburtshilflichen Verhältnisse zu bekommen.

Unter 365 Geburten weisser Frauen konnte ich 64mal pathologische Zustände constatiren, deren meisten jedoch aus dem consultativen Theil meiner Praxis stammten.

Unter den 250 Fällen, die ich zur Ausbildung meiner Hebammenschülerinnen selbst vom Beginn an leitete, legte ich 10mal Forceps an, 3mal Wendung bei engem Becken, 4mal bei Querlage, 2mal bei Placenta praevia. Es waren darunter 238 Schädellagen, 8 Steisslagen und 4 Querlagen; 2mal Zwillinge; also ungefähr dieselben Verhältnisse als in Europa.

Die Geburten selbst, das Verhältniss der normalen Fälle zu den pathologischen, sind, wie zu erwarten war, offenbar nicht von den unserigen verschieden. Anders dagegen verhält es sich mit den Erfolgen der Therapie.

Als Maassstab dafür kann dienen: die Zahl der todtgeborenen Kinder verglichen mit den lebendgeborenen, die Zahl der Dammrisse und Fisteln, und endlich die Häufigkeit der Fälle von Kindbettfieber.

Im Jahre 1889 betrug die Anzahl der weissen Geburten in Java 2126 mit 72 Todtgeborenen, im Jahre 1890 2157 mit 64 Todtgeborenen, also etwa 3,2 %. Für Holland war nach der freundlichen Mittheilung von Dr. Huijsinga dies Verhältniss für das Jahr 1889 4,7 %, für 1890 4,8 % laut amtlichen Berichten.

Die günstigen Zahlen Javas dürften vielleicht darin ihren Grund haben, dass nicht alle todtgeborenen Kinder angegeben worden. Wie dem auch sei; ohne nähere Angabe der Todesursache haben diese, an und für sich zu kleinen Zahlen keinen Werth für die Beurtheilung der Therapie.

Ich habe bereits hervorgehoben, dass mir die Zahl der Dammrisse, 10 % meiner sämmtlichen Patientinnen, auffallend gross erschien. Diese Zahl hier zu verwerthen, fehlt mir jeglicher Maassstab. Zunächst kann man diesen Fällen, die zum Theil zehn, ja zwanzig Jahre und mehr bestanden, nicht die richtige Anzahl derjenigen gegenüberstellen, die in derselben Zeit ohne Dammriss entbunden sind; dann aber fehlt zur Vergleichung eine brauchbare Statistik über europäische Verhältnisse.

Soviel kann ich jedoch aus Erfahrung sagen, dass manche der alten Schule angehörige Aerzte die meisten frischen Dammrisse ersten und zweiten Grades überhaupt nicht nähen; doch glaube ich nicht, dass in der Beziehung im Procentsatz ein grosser Unterschied zwischen Java und Europa besteht.

Sämmtliche sechs Blasenscheidenfisteln, die ich gesehen, entstammen Geburten, bei denen keine geschulten Geburtshelfer zugegen waren.

Als letzter und wichtigster Punkt zur Beurtheilung der aufgestellten Frage bleibt die Häufigkeit des Kindbettfiebers.

Eine Puerperalfieberstatistik für Indien besteht nicht. Van der Burg [1]) schreibt darüber Folgendes:

„Das Kindbettfieber kommt in Niederländisch-Indien dann und wann vor, doch begrenzt es sich gewöhnlich auf vereinzelte Fälle. Sehr richtig hat schon Hirsch gesagt, dass diese Krankheit im heissen Klima nicht so häufig ist, weil da keine Gebärsäle sind. — Bezüglich des Verlaufs im heissen Klima sind keine Unterschiede zu bemerken.‘

Abgesehen von der für das Jahr 1887 wenig schmeichelhaften und unrichtigen Bemerkung über Gebärsäle gibt van der Burg's Ausspruch die allgemein herrschende Ansicht wieder, dass Kindbettfieber selten oder nie vorkommt.

Durch die Liebenswürdigkeit meines Chefs, Dr. van Lockhorst,

---

[1]) l. c., Theil II, S. 542.

war ich in der Lage, dafür in ganz Java an Ort und Stelle die nöthigen Angaben zu sammeln.

Meinen Berechnungen legte ich die bekannte mustergültige Statistik von Boehr [1]) über den preussischen Staat zu Grunde.

Boehr hat berechnet, dass die Totalsumme aller Frauen, die nach Angabe des Standesamtes innerhalb sechs Wochen nach einer Geburt gestorben sind, noch viel geringer ist als die Zahl derjenigen, die nach Ermittelung der Polizei an den directen Folgen von Schwangerschaft, Geburt und Wochenbett gestorben sind.

Denn die Zahl derjenigen Frauen, die innerhalb sechs Wochen nach einer Geburt an anderen Todesursachen als Geburt und ihren Folgen sterben, ist sehr viel kleiner, als die ausserordentlich zahlreichen Sterbefälle im ausserehelichen Wochenbett oder nach Todtgeburt nicht ausgetragener Kinder, welche beim Standesamt nicht bekannt sind.

Demnach kann man die Totalsumme aller innerhalb sechs Wochen nach der Geburt verstorbenen Frauen als Minimalzahl der an den Folgen von Schwangerschaft, Geburt und Wochenbett Verstorbenen ansehen.

Unter den Folgen von Schwangerschaft, Geburt und Wochenbett nimmt der Tod an Kindbettfieber jedoch 99 % ein.

Selbst abgesehen von dem Puerperaltod nach Abort ist demnach die Summe aller Todesfälle innerhalb sechs Wochen nach der Geburt noch immer geringer, als die Zahl der Todesfälle an Kindbettfieber.

Diese Zahlen, welche die Minimalzahl der puerperalen Sterbefälle repräsentiren, sind leicht durch Vergleichung der Geburts- und Todesacten des Standesamtes zu eruiren.

Boehr fand für die Jahre 1861—1875

	Geburten	Gestorbene Mütter	%
Ganz Preussen	14,735,799	116,615	0,8
Berlin	461,600	2,840	0,66

---

[1]) Zeitschrift für Geburtshülfe und Gynäkologie, Bd. 3.

In Java fand ich sie im Jahre 1880—1889 incl.

	Geburten	Gestorbene Mütter	%
Batavia	3326	23	0,69
Surabaia	2108	22	1
Semarang	1617	17	1
Djokja	1011	7	0,7
Solo	571	14	2,7
Magelang	235	1	0,4
Kediri	236	4	1.7
Cheribon	227	2	0,9
Madioen	218	3	1,3
Pekalongan	150	3	2
Zusammen	9099	96	1

Nach dem „Verslag van het Staatstoericht" ist für die Jahre 1880—1889 incl. die Mortalität in Holland an Puerperalfieber 0,38 %, also etwa ein Drittel der Sterblichkeit in Indien.

Demnach ergibt sich, dass in Indien viel mehr Sterbefälle an Infectionen bei Geburten vorkommen, als im Mutterlande, und demnach wohl auch viel mehr Infectionen überhaupt.

Die Zahlen für Indien sind noch ungünstiger als die Boehr'schen, trotzdem die letzteren aus der vorantiseptischen Zeit stammen.

Eine eigenthümliche Illustration und zugleich Erklärung liefert eine Vergleichung der Zahlen von Magelang und Solo.

In Magelang ist von 235 Entbundenen nur eine gestorben, diese eine wurde im Jahre 1880 von einer javanischen Hebamme entbunden. Alle anderen Entbindungen daselbst wurden von Militärärzten geleitet. Nimmt man statt October das ganze Jahr 1890 dazu, so erhält man auf 251 Geburten keinen Todesfall = 0 %.

In Solo dagegen, wo beinahe ausschliesslich Hebammen thätig sind, ist die Mortalität am grössten, = 2,7 %.

Nach der Berechnung von Boehr, der durchschnittlich vier Geburten auf eine Mutter rechnet, bedeutet dies, dass von zehn Müttern je eine in Solo an Kindbettfieber gestorben ist.

Dass die von mir den Archiven entnommenen Zahlen noch weit hinter der Wirklichkeit zurückstehen, ist daraus ersichtlich, dass ich

selbst in Soerabaia drei, in Batavia vier Fälle von Puerperaltod nach
Abort gesehen habe, die mit vielen anderen nicht in den Acten zu
finden sind.

Die Schuld dieser schlechten Statistik trifft, wie man sieht, weder
die Aerzte noch ausschliesslich die javanischen Dukuns, sondern hauptsächlich die Hebammen.

Eine Hebammenschule existirt in Java nicht. Ich habe später
am Militärhospital in Java vier Hebammenschülerinnen streng anti-
septisch erzogen und dabei den schönen Erfolg gehabt, dass unter 250
von ihnen unter meiner Aufsicht geleiteten Geburten keine einzige ein
fieberhaftes Wochenbett aufzuweisen hatte.

Ausser ihnen gibt es in den grossen Städten Batavia, Soerabaia
und Semarang noch einige in Europa ausgebildete Hebammen, die
allen Anforderungen genügen. Mehr und mehr jedoch ziehen die europäischen Damen jetzt die Hilfe gutgeschulter Aerzte vor, deren Anzahl in Java stets grösser wird.

Wenn ich so auf Grund der angeführten Statistik die durch van
der Burg vertretene allgemeine Ansicht, dass Puerperalfieber in Indien
selten ist, widerlegt habe, so muss ich auch auf Grund meiner Erfahrungen
das Axiom van der Burg's bestreiten, dass der Verlauf der septischen
Erkrankungen im heissen Klima keine Unterschiede bietet.

Es ist richtig, dass eine Wundinfection, Dank der allgemeinen
Reinlichkeit, der steten Ventilation, bei richtiger Vorsorge viel weniger
leicht eintritt als in Europa, wenn sie aber eintritt, dann verläuft sie
unter sehr heftigen Erscheinungen und tödtet meist in wenigen Tagen
ihr Opfer.

Für die Behandlung des Wochenbettes haben fast alle europäischen Frauen die javanische Gewohnheit der kräftigen Compression des
Unterleibs angenommen, und sie sehen sich für das geringe Unbehagen
der ersten zwei bis drei Tage reichlich dadurch belohnt, dass ihre
Figur auch nach mehrfachen Geburten gut erhalten bleibt.

VII.

Die Gynäkologie der Dukuns.

Das geheimnissvolle Dunkel, mit dem die Dukun ihre Werke verhüllt, macht es sehr schwierig, darüber Aufschlüsse zu erlangen. Was die Dukun selbst erzählt, ist um so unglaubwürdiger, als das Lügen überhaupt beim Javanen kaum als Schande angesehen wird, sondern mehr als ein Mittel, um die grössere oder geringere Menschenkenntniss des Belogenen auf die Probe zu stellen. Als ich eine Dukun auf einer groben Lüge ertappte, antwortete sie mit freundlichem Lächeln: Tuan pinter skali! (Mein Herr ist sehr weise!)

Unter diesen Umständen glich die wissenschaftliche Untersuchung mehr der Arbeit eines Detective, der das nöthige Beweismaterial sammelt.

Die einzige vaginale Behandlung der Dukun, der ich auf die Spur gekommen bin, ist die intravaginale Tamponade mit frischen Pflanzentheilen. Dieselbe wird angewendet, um Blutungen zu stillen, sowie um solche hervorzurufen; schliesslich auch bei Fluor, wenn derselbe sehr störend oder stinkend ist, wie bei Carcinom.

Verschiedene Male habe ich bei der Exploration noch den ganzen Tampon oder wenigstens Theile desselben in der Vagina nachweisen können.

Die entfernten Pflanzentheile hatten meist einen stark aromatischen Geruch; sie zu determiniren war mir meist nicht möglich; es handelte sich meist um Bruchstücke oder gekochte Pflanzen. Nur einmal konnte ich erkennen, dass es sich u. a. auch um Tamarindenblätter handelte.

Die Wirkung der angewendeten Mittel scheint manchmal eine recht gute zu sein. Bei einer europäischen Dame mit imperablem Carcinom und stark riechendem Ausfluss, die mich zu wiederholten Malen neben der Dukun consultirte, konnte ich constatiren, dass der Fluor zeitweise aufhörte und seinen Geruch verloren hatte. Die angewendeten Tampons hatten einen kräftigen Lorbeergeruch.

Die scheinbare Heilung war jedoch von kurzer Dauer, und die heftigen Blutungen führten die Patientin stets wieder zur palliativen Behandlung mit ferrum candens zurück, bis endlich der Tod dem Leiden ein Ende machte.

Ueber die Beschaffenheit der internen Mittel, die wohl hauptsächlich zu abortiven Zwecken angewendet werden, schweige ich. Der Wirkung nach zu urtheilen, scheint es sich hauptsächlich um kräftige Drastica zu handeln. Häufig werden auch starke Chinindosen als Abortiva angewendet, und, wie es scheint, mit Erfolg.

Die Hauptthätigkeit der Dukun, worin sie wirklich Meister ist, besteht im Massiren.

Es war schon lange bekannt, dass die meisten Dukuns ein Mittel besitzen, um Schwangerschaft zu verhüten, als auch, um die Sterilität aufzuheben. Worin dasselbe bestand, konnte nicht mit Sicherheit nachgewiesen werden, da sie selbst sowie die Betheiligten das Geheimniss nicht verriethen.

Auf vielen Umwegen ist es mir gelungen, dasselbe zu entdecken.

Nach Aussagen einiger Collegen sowie älterer Hebammen sollte das Verfahren in „Umdrehung der Gebärmutter" durch äussere Handgriffe bestehen. Er wird „Ankat prut" (den Bauch wegnehmen) genannt, eine Bezeichnung, die auch für das völlig unschuldige Streichen der Lendengegend im Wochenbett gebraucht wird. Auf diese Weise ist es niemals auszumachen, was die Dukun mit ihrem „Ankat prut" eigentlich im gegebenen Falle meint.

Bei einer später von mir an den Folgen behandelten Dame, die sich bereits eines reichlichen Kindersegens erfreute, hatte die Dukun, in der Meinung, dass hier keine Kinder mehr erwünscht seien, das „Ankat prut" im strengeren Sinn des Wortes ausgeführt, was die Dame erst Jahre danach an der aufgetretenen Sterilität bemerkte.

Bereits im Jahre 1888 hatte ich Gelegenheit, eine kurz vorher entbundene Dame zu untersuchen, bei der das „Ankat prut" mit der ausgesprochenen Absicht, weitere Schwangerschaft zu verhüten, ausgeführt worden war. Die stürmischen Erscheinungen, die darauf folgten, brachten sie zu mir.

Ich fand eine Incarceration des retroflectirten puerperalen Uterus mit Retentio urinae. Nach Entleerung der Blase gelang es leicht, vom Rectum aus den Fundus uteri emporzuheben, worauf er in seine normale Lage zurückschnellte und darin blieb.

Nach den Mittheilungen der Dame, die ich später durch gleichlautende Berichte bestätigt fand, waren die angewendeten Manipulationen die folgenden.

Die Bauchdecken werden dicht oberhalb der Symphyse mit den steifausgestreckten Fingern nach unten gedrückt, darauf wird mit beiden Händen dicht oberhalb des Ligamentum Pouparti sehr kräftig nach aussen gestrichen, wodurch die Bauchdecken völlig erschlaffen. Nun ergreifen beide Hände den Uterus seitlich und ziehen ihn nach vorn, während die Daumen den Fundus mit einem kräftigen Druck am Promontorium vorbei in die Tiefe drücken. Diese letzte Bewegung sowie auch der einleitende Druck über der Symphyse verursachen einen ausserordentlich heftigen Schmerz.

Die ganze Manipulation hat grosse Uebereinstimmung mit der Hebung des Uterus, dem „Lijftningar" Thure-Brandts. So wird wieder einmal der alte Ausspruch Ben Akiba's bestätigt.

Aus den Erzählungen der Dame, zusammen mit dem von mir erhobenen Befund, namentlich aber dem leichten Zurückschnellen des Uterus und seinem Verharren in der normalen Lage ohne Stützmittel, glaubte ich mich zu der Ansicht berechtigt, dass das Geheimniss der Dukun zur Erzeugung der Sterilität besteht in einer künstlich durch äussere Handgriffe bewirkten Retroflexio uteri.

Zahlreiche spätere Beobachtungen bestätigten diese Ansicht vollkommen. Namentlich waren in dieser Beziehung die Aussagen der europäischen Damen werthvoll, aus denen hervorging. dass der mit Vorliebe gewählte Zeitpunkt für das „Ankat prut" die ersten Tage nach einem Abort oder nach einer Geburt sind, weil dann der Erfolg am sichersten sei.

Nach Aussage Einiger wird auf Wunsch bei bereits bestehender Schwangerschaft zunächst durch mehrtägig wiederholte Massage der Abort provocirt, und darauf das „Ankat prut" vorgenommen.

Nachdem ich so der Methode selbst auf die Spur gekommen war, suchte ich nun durch weitere Nachforschungen festzustellen, zunächst, ob diese Methode stets ausführbar sei, dann, ob sie auch wirklich Sterilität erzeuge und endlich, was für Folgen für die Gesundheit daraus entstehen können.

Für die Entscheidung des ersten Punktes, die Ausführbarkeit der Methode, war von grossem Werth die Reihe der 1750 javanischen Bajaderen, die ich zu untersuchen Gelegenheit hatte. Ihr Beruf macht es wünschenswerth, die Freuden der Liebe ohne Gefahr von Schwängerung geniessen zu können, und darum ist wohl anzunehmen, dass alle ohne Ausnahme versucht haben, sich in dieser Beziehung so viel als möglich sicher zu stellen.

Von den 1750 durch mich Untersuchten hatten 976, als etwa 55 %, Retroflexio uteri. In vielen Fällen gelang es mir leicht, den Uterus durch leichten Druck auf den Fundus in die normale Lage zurückschnellen zu lassen. Es unterlag sonach keinem Zweifel, dass die weitaus grösste Zahl dieser Retroflexionen auf künstlichem Wege hervorgebracht war.

Unter den 45 %, die nicht mit Retroflexio behaftet waren, fand ich meist sehr kleine virginelle Uteri, tiefliegende Tumoren, Entzündungen des Beckenbindegewebes, kurz Zustände, die die Beweglichkeit und Abtastbarkeit des Uterus in höherem oder geringerem Maasse beeinträchtigt.

Wenn man von der mehr als wahrscheinlichen Annahme ausgeht, dass alle 1750 Betheiligten sich der bewussten Sterilisationsprocedur unterzogen haben, so lautet die Schlussfolgerung, dass nur in 55 % der Fälle die Manipulation gelingt, in 45 % dagegen nicht.

Die zweite Frage lautet, ob durch die künstliche Retroflexio uteri auch wirklich stets Sterilität erzeugt wird. Ich glaube diese Frage verneinen zu müssen. Erschwert wird die Conception ja, wie bekannt, durch Retroflexio, unmöglich gemacht jedoch nicht.

Unter 75 europäischen Damen mit Retroflexio uteri, welche mir gestanden, sich dem „Ankat prut" unterzogen zu haben, waren dreizehn mit Retroflexio uteri gravidi, also etwa 20 %, die trotzdem schwanger geworden sind.

Von den mit dem „Ankat prut" verbundenen Gefahren kann ich berichten, dass ich in der Lage war, eine Frau zu seciren, bei der sich nach der Manipulation Gangrän des Uterus und eine tödtliche allgemeine Peritonitis eingestellt hatten. Ueber einen ähnlichen Fall berichtete mir Dr. van Buuren aus Djombang.

Das Resultat meiner Untersuchungen ist demnach:

Zur Erzeugung von Sterilität bedienen sich die Dukuns

des „Ankat prut", einer Methode, um mittelst äusserer Handgriffe eine Retroflexio uteri hervorzubringen.

Diese Methode gelingt nur in etwa der Hälfte der Fälle,
schützt trotz des Gelingens nicht immer vor Schwangerschaft und ist oft mit Lebensgefahr verbunden, namentlich,
wenn sie kurz nach einer Entbindung angewandt wird.
Die Wiederherstellung der Fruchtbarkeit musste meiner Ansicht
nach beruhen auf einer künstlichen Reposition des Uterus in die normale Lage. Eine Dukun, deren Vertrauen ich allmälig gewonnen hatte,
bestätigte diese Vermuthung und erklärte sich bereit, vor meinen Augen
das Verfahren auszuüben.

Bei einer Frau mit Retroflexio uteri mobilis gelang es ihr leicht,
durch äussere Handgriffe den Uterus erst in Retroflexion zu bringen
und dann wieder zu reponiren.

Als ich jedoch darauf mit combinirten Handgriffen den Uterus in
scharfe Retroflexion gestellt hatte, war es ihr nicht mehr möglich, ihn
die normale Lage einnehmen zu lassen. Nachdem ich dies darauf that
und ein Pessar eingelegt hatte, überzeugte sie sich durch die Bauchdecken hin von der richtigen Lage, die sie sofort erkannte.

Sie gestand mir ein, dass die Reposition sehr schwer sei und oft
misslinge, dass aber trotzdem häufig Schwangerschaft eintrete, wenn die
Frauen an die Kunst glaubten. Also auch in diesen braunen Seelen
dämmert der Begriff der Suggestion.

Wenn nun schon diese Dukun, die wegen ihrer Geschicklichkeit
mit Recht berühmt war, in einem verhältnissmässig leichten Fall nur
mit grosser Mühe im Stande war, den Uterus wieder in die normale
Lage zu bringen, dies aber nicht mehr konnte, nachdem ich ihr die
Sache nur in etwas erschwert hatte, so glaube ich behaupten zu können,
dass in der Mehrzahl der Fälle das Wiederfruchtbarmachen durch die
Dukun nicht glückt, und dass, wenn Frauen danach wieder schwanger
werden, sie es sicher nicht der Gewandtheit der Dukun zu danken haben.

Ausser dem complicirteren „Ankat prut" besteht die Massage der
Dukun aus Urut (reiben) und Pidjet (kneten), Bewegungen, die sie auf
das Verschiedenartigste sehr zweckmässig zu combiniren wissen.

Wie oben bereits mitgetheilt, üben sie diese Handgriffe auch bei
anderen, nicht gynäkologischen Affectionen, wie Rheumatismus, Neuralgien, Verstauchungen, Luxationen u. s. w.

Das Urut sowie das Pidjet wird meist ohne vorherige Einreibung der Haut mit Fett oder Oel vorgenommen, höchstens — nur in sehr seltenen Fällen und von sehr alten und abergläubischen Dukuns — wird dabei Speichel benutzt.

Die Finger werden meist völlig gestreckt gehalten; die Fähigkeit, die Phalangen nach Belieben in allen Gelenken zu beugen und zu strecken, die ausserordentliche Gelenkigkeit aller Theile der Hand und ein hochentwickeltes Tastgefühl, verbunden mit grosser Kraft und Ausdauer, ermöglichen ihnen die feinsten Diagnosen und die feinsten Abstufungen bei der Ausübung ihrer Kunstfertigkeit.

In gynäkologischer Hinsicht ist, abgesehen von der bereits erwähnten protrahirten Massage zur Erzeugung von Abort, noch bemerkenswerth das Resultat bei Behandlung von Ovarialtumoren. Man kann annehmen, dass alle Ovarialtumoren, bevor sie zur Operation kommen, erst einer längeren Behandlung durch Dukuns unterworfen worden sind; bei allen meinen europäischen Patientinnen wenigstens war dies die Regel.

Es ist selbstverständlich, dass dadurch das Neoplasma selbst niemals geheilt werden kann, obwohl es möglich ist, dass das Wachsthum der Geschwulst dadurch in gewissen Schranken gehalten wird.

Die Verkleinerung eines Ovarialtumors durch Massage hat Winiwarter[1] schon im Jahre 1878 mitgetheilt.

Ich habe eine ähnliche Beobachtung in Java allerdings nicht machen können, jedoch sind mir zwei Dinge bei den dortigen Ovarialtumoren aufgefallen, die höchst wahrscheinlich auf die Wirkung der Massage zurückzuführen sind.

Zunächst fand ich bei allen Ovariotomien ausserordentlich feste und zahlreiche Adhäsionen mit den Nachbarorganen, die ich nur in sehr wenigen Fällen bei Vollbluteuropäerinnen, welche allen inländischen Gebräuchen gegenüber misstrauisch waren, vermisste.

Dann aber konnte ich constatiren, dass unter den 164 Ovarialtumoren javanischer Frauen, die ich untersucht habe, keiner eine deutliche Stielbildung zeigte; alle waren mehr oder weniger intraligamentär entwickelt und ragten tief ins Becken hinein.

---

[1] Wiener medicinische Blätter, 29.

VIII.
Europäische Gynäkologie in Java.

Bei der im Verhältniss zu den grossen Anforderungen der Praxis äusserst beschränkten Zahl der Aerzte in Java war es früher selbstverständlich, dass kaum Einer derselben Zeit zu einer mehr wissenschaftlichen Thätigkeit fand. Specialisten im strengen Sinne gab es in keinem Fache. Die ärztliche Erziehung in Holland bietet nur einer verschwindend kleinen Anzahl Specialisten — mit Ausnahme der Augenärzte — Gelegenheit zur Ausbildung, und diese wenigen bleiben dann meistens lieber in Holland.

Ausserdem aber herrschte die Ansicht, dass in Indien kein genügendes Material zu finden sei.

Sehr charakteristisch schreibt van der Burg [1]):

„In Indien ist das Publicum zu klein, um Specialisten — mit Ausnahme der Zahnärzte — ohne Weiteres genügende Nahrung zu geben. — Will man sich auf ein besonderes wissenschaftliches Fach verlegen, so ist dagegen selbstverständlich nichts einzuwenden, aber man bedenke, dass das Material dafür gewöhnlich so gering ist, dass die finanziellen Folgen der Behandlung selbst den allerbescheidensten Ansprüchen nicht genügen."

Die erste rein wissenschaftliche Einrichung auf medicinischem Gebiet war das von Professor Pekelharing im Jahre 1887 in Batavia gegründete Laboratorium für pathologische Anatomie und Bacteriologie, das er unter Leitung Eijkman's und meines leider zu früh gestorbenen Freundes van Eecke hinterliess.

Ein Blick auf die „Geneeskundig Tijdschrift voor Nederlandsch-Indie" vor und nach 1888 zeigt deutlich, welch mächtigen Umschwung der Einfluss des Laboratoriums auf die kleine ärztliche Welt Indiens ausgeübt hat.

Es war mir vergönnt, zu derselben Zeit als erster Specialist auf gynäkologischem Gebiet und zugleich als Vertreter der geschulten, modernen, chirurgischen Technik zu dem reformatorischen Werk in Java beitragen zu können.

---

[1]) L. c., Theil I, S. 370.

Vor 1887 war es allgemein gebräuchlich, in Java keine grösseren Operationen zu verrichten; einmal, weil es wenige geschulte Chirurgen gab, dann aber auch, weil man glaubte, dass das „mörderische" indische Klima eine Heilung nach schweren Eingriffen unmöglich mache. An einer Reihe von 511 Operationen, worunter 94 Laparotomien und Totalexstirpationen mit einer Mortalität von $25 = 4,9\%$, habe ich den Beweis liefern können, dass die ungünstigen Resultate der Operationen nicht dem Klima, sondern der ungenügenden Beherrschung der Antisepsis resp. Asepsis zugeschrieben werden müssen.

Bedenkt man, dass unter meinen Patienten viele von ausserhalb geschickte, oft hoffnungslose Fälle waren, und dass ich an diesem Material mein Personal erst schulen musste, so wird dadurch das indische Klima noch glänzender gerechtfertigt.

Es sei mir gestattet, hier einige Bemerkungen einzuflechten, die mehr historisches Interesse haben.

In Batavia war bis zum Jahre 1886, in Soerabaia bis zum Jahre 1888 die Würde des Verbandsmeisters und die des Anatomiedieners und Prosectors in der Person ein und desselben Sergeanten vereinigt. Das sehr gut ausgestattete Hauptmagazin für Instrumente in Batavia stand in meiner Zeit — wie es jetzt ist, weiss ich nicht — unter Oberaufsicht eines Apothekers, der viele Instrumente nicht einmal dem Namen nach kannte.

Ein Operationszimmer bestand zu meiner Zeit (1887—89) in Soerabaia überhaupt nicht. Meine ersten Laparotomien habe ich daselbst in einer von drei Seiten offenen Halle verrichtet, die durch Wandschirme abgeschlossen war.

In Batavia fand ich im Anfang des Jahres 1889 einen sehr gut eingerichteten Operationssaal mit Oberlicht und Terrazzoboden vor. Java verdankt ihn hauptsächlich dem unermüdlichen Andringen von Dr. Haga.

Die Verwendung desselben hing von den jeweiligen Verfügungen und chirurgischen Auffassungen des Chefs ab. Mit Dankbarkeit erinnere ich mich der humanen Auffassung der Herren Schyff und Cannegieter, die streng darauf sahen, dass nur nicht infectiöse Fälle in dem Heiligthum zugelassen, die anderen dagegen in einem Verbandsaal operirt wurden. Es gab aber leider auch andere, die dem Princip huldigten „Gleiches Recht für Alle" und allen eiternden Bubonen,

pyämischen Wunden u. s. w. den Eintritt gestatteten. Mögen sie es
niemals bereuen.

Laparotomien und Totalexstirpationen sind meines Wissens vor
1888 in Java niemals ausgeführt worden.

Ueber das Schicksal eines Ovarialtumors berichtete mir eine
Patientin in folgender drastischer Weise:

Ich habe in M ... ein Mädchen gekannt, mit dem ich noch zusammen auf die Schule ging. Später bekam dasselbe einen dicken
Bauch. Wir glaubten alle, dass sie schwanger wäre und wollten nicht
mehr mit ihr umgehen. Als aber kein Kind kam, lachten wir darüber
und nannten sie das Butterfass. Ihr Bauch wurde immer dicker und
dicker, und eines schönen Tages hörten wir, dass sie geplatzt sei,
und dann haben wir sie begraben. Sapienti sat.

Es ändern sich die Zeiten. Während vor 1888 ausser in den
Militärlazarethen keine europäischen Patienten verpflegt werden konnten,
bestehen jetzt, nach etwa zehn Jahren, verschiedene gut eingerichtete
Privatkliniken unter Aufsicht von vorzüglich geschulten Chirurgen; ich
nenne hier nur van Stockum in Batavia, Koefoed in Soerabaia und van
Buuren in Djombang. Völlig aus eigenen Mitteln hat auch der Missionar
Kruijt ein grosses Hospital für Javanen gebaut, und in Batavia, sowie in
Soerabaia ist man bemüht mit der Errichtung von Diakonissenhäusern.

Koefoed und ich haben den Anfang gemacht mit der Ausbildung
europäisch geschulter Krankenpflegerinnen, van Buuren machte Versuche in derselben Richtung mit javanischen Christenmädchen. Unsere
Bestrebungen waren von bestem Erfolge gekrönt und haben zahlreiche
Nachahmer gefunden.

Von weiteren sanitären Einrichtungen verdienen noch vermeldet
zu werden: die Luftkurorte und Badeplätze von Tosari, Soekaboemie,
Sindanglaia und Garoet, der Parc vaccinogène, das Institut Pasteur,
das Zanderinstitut zu Batavia u. a. m.

Die vulkanische Beschaffenheit des von der Natur so reich gesegneten
Landes macht es nicht unwahrscheinlich, dass von den zahlreichen bekannten, Schwefel, Brom und andere Mineralien enthaltenden Quellen
im Innern Javas bald auch für therapeutische Zwecke Gebrauch gemacht
werden wird.

Auf einem meiner Streifzüge zu Pferd habe ich im Innern Javas
bei Tassikmalaia eine heisse Schwefelquelle gesehen, die in mächtigem

Strahl eine enge, malerische Thalsohle durchströmte. Am Fusse eines
Wasserfalles badeten einige kranke Javanen und rühmten die heil-
kräftige Wirkung des Wassers, das sie zum Trinken und Baden be-
nutzten. Sie boten mir einige incrustirte Blätter an und erinnerten mich
dadurch lebhaft an Carlsbad, wo ja auch ein ähnlicher Handel blüht.
Ob in der Quelle von Tassikmalaia ein zukünftiges tropisches
Carlsbad schlummert, wage ich nicht zu entscheiden, da mir unbekannt
ist, ob je eine chemische Analyse dieser Quelle gemacht wurde.

Als erster Gynäkologe in Java fühlte ich mich verpflichtet, das
reiche Material dieses gynäcologisch jungfräulichen Landes so viel möglich klinisch, sowie pathologisch-anatomisch zu verwerthen, eine Arbeit,
die mir durch das liebenswürdige Entgegenkommen der Herren Eijkman und van Eecke wesentlich erleichtert wurde. Leider bin ich durch
den späteren Verlust eines grossen Theils meiner Präparate gezwungen,
manche Lücke unausgefüllt zu lassen.

Der Vollständigkeit halber muss ich hier auf verschiedene, bereits
anderweitig in kleineren Abhandlungen publicirte Thatsachen zurückkommen; ein Verzeichniss derselben findet sich am Schlusse.

Da es sich im Folgenden nicht allein um die Krankheitsfälle,
sondern auch um die Behandlungsweise derselben handelt, so bitte ich
zu entschuldigen, dass dieser Theil einen etwas mehr persönlichen
Charakter trägt.

Untersucht habe ich:

Europäische Frauen	1025
Javanische Frauen	2336
Chinesische Frauen	17
Negerinnen	3
Zusammen	3381

Abgesehen von seltener vorkommenden Affectionen hatten dieselben:

Rupturen des Perineums	131
Prolapse	83
Ovarialtumoren	241
Carcinome des Uterus	32
Myome des Uterus	184
Retroflexionen	1361

An diesem Material wurden, abgesehen von 178 Excochleationen, 501 Operationen ausgeführt.

1. Laparotomien.

Operation	Zahl	Sterbefälle
Ovariotomien	42	9
Myomotomien	21	5
Adnexoperationen	12	1
Ektopotomien	8	2
Operationen bei doppelten Genitalien	3	2
Herniotomia intraabdominalis	1	—
Zusammen	87	19

2. Vaginale Operationen.

Operation	Zahl	Sterbefälle
Ovariotomia per vaginam	3	—
Totalexstirpatio uteri carcinomat.	7	1
Myomotomie und Polypoperationen	24	—
Amputat. uteri supravaginal.	10	—
Excisio cervic. cuneiform. Schroeder	87	—
Repositio cruenta Schultze und Excochleatio	75	2
Retroflexoperationen im Douglas	15	—
Prolapsoperationen	18	1
Perineoplastiken (complete 36)	116	—
Fisteloperationen	6	—
Plastische Operationen an der Portio	29	2
Prolapsoperationen an der Urethra	1	—
Dazu kommen:		
Papillomoperationen an der Urethra	8	—
Operationen im Canal. inguin.	3	—
Operationen an Tumoren der Vagina und Vulva . . .	12	—
Zusammen	414	6

Bezüglich der Todesursache vertheilen sich die 25 Todesfälle folgendermassen:

Die übrigen neun Fälle, vier Ovariotomien und zwei Myomotomien, eine Excochleation mit Schultze'scher Lösung und zwei plastische Operationen an der Portio, starben alle kurz nach einander an septischer Infection. Zu derselben Zeit starb an septischer Peritonitis ein Mann, bei dem Dr. Haga die stumpfe Dilatation einer Strictura ani vorgenommen hatte.

Alle diese Fälle entstammen der Zeit von drei auf einander folgenden Monaten, in welcher auf höheren Befehl im Operationssaal wieder alle septischen Wunden verbunden werden mussten; wir haben es sonach mit einer künstlich erzeugten septischen Epidemie zu thun.

Von den ausserhalb der Epidemie operirten Fällen waren sechs bereits vor der Operation inficirt, zwei (den Fall von Tetanus mitgerechnet) starben an Spätinfection und nur eine, auf die ich noch später zurückkommen werde, wurde durch einen unglücklichen Zufall während der Operation inficirt.

Ich habe demnach, die septische Epidemie mitgerechnet, eine Infectionsmortalität von 2 %, ohne dieselbe eine solche von 0,2 % zu verzeichnen.

Es fiel mir auf, dass der Verlauf von septischen Erkrankungen in Indien ein sehr rapider ist. Selten überlebten einmal inficirte Patienten den fünften Tag nach stattgehabter Infection, die meisten starben bereits am dritten Tag, vom Auftreten der allerersten Erscheinungen, Unruhe und frequenter Puls, ab gerechnet.

Untersuchungen über die Art der Infection, die ich mit Eijkman und van Eecke zusammen anstellte, gaben wenig Resultate, da glücklicherweise die Zahl der Fälle eine zu geringe war.

In allen Fällen, die mit hohem Fieber, sehr frequentem Puls, benommenem Sensorium und heftigen Schmerzen verliefen, wurde Streptococcus pyogen. aur., Staphylococcus p. aureus und albus gefunden.

In zwei Fällen, in denen relative Euphorie bestand, gepaart mit normaler, ja oft subnormaler Temperatur und sehr frequentem, kleinem und unregelmässigem Puls, war der bacterielle Befund durchaus negativ. Doch fiel uns in diesen beiden Fällen die eigenthümliche Lacfarbe und die auffallend geringe Gerinnungsfähigkeit des Blutes auf.· Während einerseits die septischen Affectionen mit foudroyanter Heftigkeit zum Tode führten, war es andererseits wieder erstaunlich, wie rasch nicht inficirte Wunden genasen.

Während ich Anfangs bei allen Laparotomirten erst am achten oder zehnten Tage den ersten Verband abnahm und die Nähte entfernte, bemerkte ich, als bei einer Patientin der Verband sich verschoben hatte, dass bereits am fünften Tage prima intentio erzielt war. Ich entfernte darauf alle Verbände früher und konnte die meisten Patienten bereits am achten Tage aufstehen lassen. Eine Patientin mit nicht geplatzter Tubengravidität im zweiten Monat verliess sogar bereits am sechsten Tage das Bett.

Ein javanischer Matrose, bei dem ich per laparotomiam eine hydropische Gallenblase entfernt hatte, wurde in der folgenden Nacht von der Wache dabei überrascht, wie er in den geräumigen Gängen des Hospitals im Mondschein lustwandelte.

Namentlich bei den Eingeborenen scheint die Wundheilung und die Resistenz des Organismus eine ganz vorzügliche zu sein, was auch aus zahlreichen analogen Mittheilungen indischer Collegen hervorgeht.

So wird in der „Geneeskundig Tijdschrift voor Nederl.-Indie" von einem Kuli berichtet, der mit einem rostigen Brodmesser eine perforirende Bauchwunde erhalten hatte. Die prolabirten Darmschlingen wurden reponirt, das Netz resecirt und die Wunde mit einigen Nähten geschlossen. In der Nacht entfloh der Kuli aus dem Hospital. Am Blitzableiter, an dem er sich herabgelassen hatte, hing ein Stück Netz von 12 cm Breite und 20 cm Länge. Vier Wochen später wurde der Flüchtling von der Polizei eingefangen. Die Wunde war völlig glatt geheilt.

IX.

Plastische Operationen an Perineum und Vagina.

Wie in so manchem anderen Punkte, so habe ich auch darin meine Geistesverwandtschaft mit Sänger bekundet, dass ich zu gleicher Zeit als er bestrebt war, die Vorzüge der verschiedenen Methoden von Perineoplastik zu vereinigen.

Die Simon-Hegar'sche Lappenmethode bot die Vortheile der guten Uebersicht des Operationsfeldes, der Möglichkeit, anatomisch zusammen-

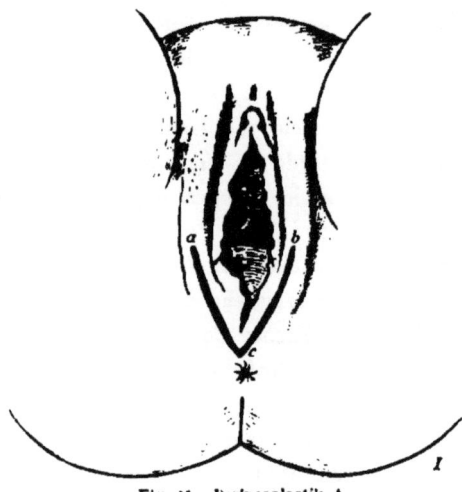

Fig. 11. Perineoplastik A.

gehörige Theile richtig vereinigen zu können, die Lawson - Tait'sche Spaltungs - Methode zeichnete sich aus durch geringeren Blutverlust und grössere Schnelligkeit in der Ausführung.

Da ich die zahlreichen Modificationen Anderer, wie Fricke, Fritsch, Freund, Zweifel, Pozzi, Lauenstein, Le Fort, Frenzel, Heppner und Hildebrand als bekannt voraussetzen darf, so erwähne ich nur, dass sich die von mir geübte Methode am meisten der Sänger-Simpson'schen anschliesst; auf einige, wie mich dünkt, nicht unwichtige Abweichungen komme ich noch zu sprechen.

In Schröder's Schule erzogen, habe ich als Nahtmaterial ausschliesslich die von Werth, Hofmeier und Bröse eingeführte durchlaufende Catgutnaht benutzt, jedoch in der Weise, dass ich nicht einen, sondern verschiedene Fäden benutzte, die wieder an mehreren Stellen unter einander geknotet wurden, um bei eventuellem Durchschneiden doch noch genügenden Halt zu versichern.

Bei incompleten Rupturen gestaltete sich das Verfahren in folgender Weise.

Von der Mitte des hinteren Endes der grossen Labien, etwas höher als am hinteren Uebergang der Nymphen in dieselben, werden zwei in der Mitte convergirende Schnitte angelegt (Fig. 11 *ac* und *bc*).

Darauf wird der unterste Zipfel des Lappens bei *c* mit der Pin-

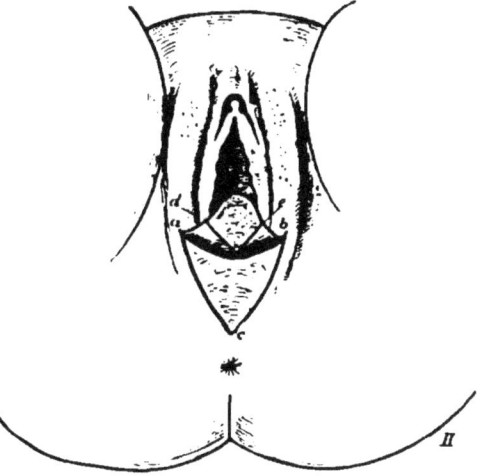

Fig. 12. Perineoplastik B.

cette gefasst und, soviel möglich, stumpf lospräparirt. Alle Narbenstränge werden nach einander mit Scheere und Messer unter dem Lappen weggenommen.

Wenn man darauf achtet, die Schnitte bei *a* und *b* nicht zu tief zu machen, so gelingt die Lösung des Lappens bis hoch in die Vagina hinauf ohne die geringste Blutung, da die dicht um den Vaginalschlauch verlaufenden Blutgefässe mit dem Lappen zusammen nach oben geschoben werden.

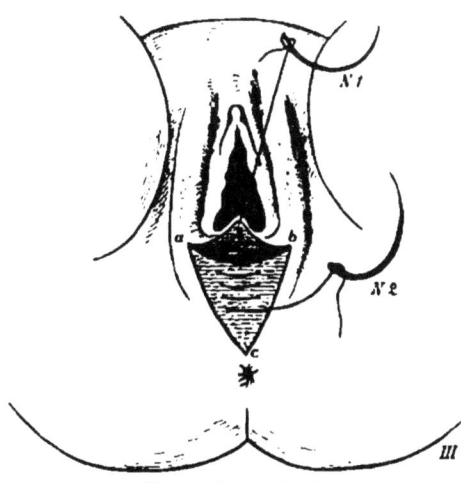

Fig. 13. Perineoplastik C.

Ist der Lappen hoch genug hinaufpräparirt, wobei ein zu viel niemals schaden kann, so schneidet man mit Scheere und Messer einen centralen Keil aus dem Lappen, wodurch man gerade den am meisten mit Narben durchsetzten und darum für die Heilung am wenig-

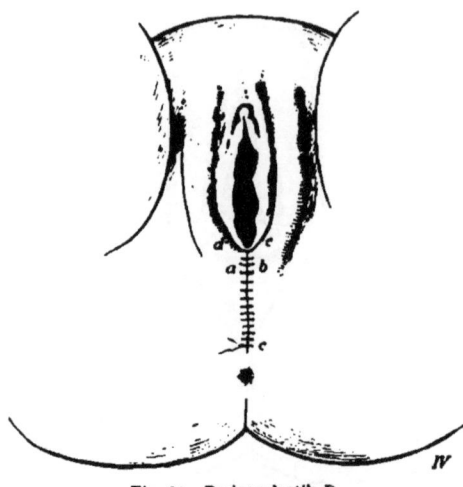

Fig. 14. Perineoplastik D.

sten geeigneten Theil entfernt. (Fig. 12 *d e*.)

Wo nur wenig Gewebe ist, oder wo keine oder wenige Narben zurückbleiben, kann die Entfernung dieses Keiles auch unterbleiben.

Im tiefsten Wundwinkel der Scheide wird nun ein Catgutfaden geknüpft und zunächst die Scheidenwunde genäht, wobei man, hauptsächlich in den tieferen Parthien, beliebig viel versenkte Nähte dazwischen legen kann. Im vordersten Wundwinkel der Scheidennaht, der die Punkte *d e*, resp. die äussersten stehengebliebenen Enden der Nymphen in einer hymenartigen Commissur vereinigt, wird der Faden geknotet und an ihm der Lappen emporgezogen (Fig. 13, N. 1).

Nun wird ein zweiter Catgutfaden (Fig. 13, N. 2) in der Tiefe des Wundtrichters geknüpft und mit beliebig viel versenkten Etagennähten derselbe allmälig geschlossen.

Zur Hautnaht, bei der die Stiche möglichst dicht gelegt werden, kann man, je nachdem es auskommt, den zweiten oder den ersten Faden benutzen.

Am besten ist es, den zweiten Faden so zu legen, dass man von der letzten dicht unter der Haut versenkten Naht dicht bei *c* (Fig. 14) aussticht, dann mit dem ersten Faden von der Vereinigungsstelle der kleinen Labien (*d e*) von oben herunter näht und schliesslich bei *c* die Enden beider Fäden mit einander verknüpft.

Mit besonderer Sorgfalt müssen die Nähte an der neugebildeten hinteren Commissur gelegt werden, da diese der stärksten Spannung ausgesetzt ist.

Von dem Simpson'schen unterscheidet sich dieses Verfahren dadurch, dass erst nach der Bildung des ganzen Lappens der mediane Keil entfernt wird, ja man kann denselben erst dann entfernen, wenn bereits die ersten versenkten Nähte gelegt sind.

Die geringe Blutung, die nach der Spaltung auftritt, die doch sofort durch Schluss der Scheidennaht zum Stehen kommt, kann man bei guter Assistenz durch seitliche Digitalcompression auch noch vermeiden, so dass dadurch die Operation ohne jeglichen Blutverlust beendigt werden kann.

Nur bei den ersten Wunden hielt ich mich noch an eine tiefgreifende Entspannungsnaht von starker Seide. Später habe ich auch diese weggelassen ohne nachtheilige Folgen.

Auf die lineare Wunde strich ich eine dicke Lage Jodoformcollodium, mit oder ohne Combination mit einem sterilen Gazestreifen.

Am achten Tage stösst sich meist die Collodiumdecke ab und man findet unter ihr die Wunde per primam geheilt.

Von 80 so behandelten Fällen sind 79 p. p. geheilt; in einem Falle sprang ein Theil der Naht am zweiten Tage in Folge von hartem Stuhlgang wieder auf, da vergessen worden war, vor der Operation für gehörige Darmentleerung zu sorgen.

Wenig anders gestaltet sich das Verfahren bei completen Dammrissen.

Der Schnitt über den Damm wird so gelegt, dass znnächst die Schleimhaut des Rectums dicht am Rand des Risses umschnitten wird bis an die Enden des Sphincter ani (Fig. 15 cc_1).

Darauf werden die Schnitte ac und bc_1 analog den Schnitten ac und bc (Fig. 11) gelegt und der Lappen in derselben Weise mit Ausschneidung alles Narbengewebes soviel möglich stumpf hinaufpräparirt.

Ist dies geschehen, so wird zunächst im höchsten Wundwinkel des Rectums eine Naht im umgebenden Gewebe geknüpft und darauf das Rectum mit einer fortlaufenden Naht vereinigt, wobei genau darauf zu achten ist, dass scharf an der angefrischten Schleimhautgrenze aus- und

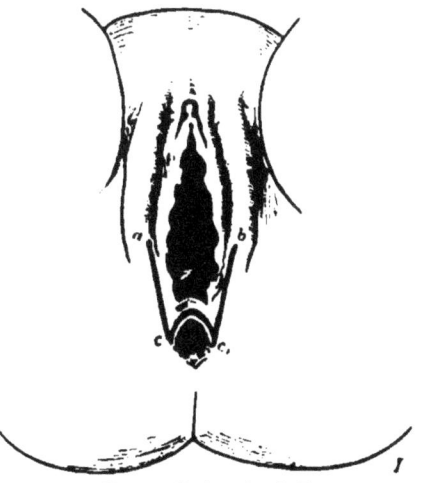

Fig. 15. Perineoplastik E.

eingestochen wird, und dass die Nähte möglichst dicht liegen. Am
Sphincter, wo die Punkte c und c_1 zusammenfallen, wird der Faden
geknotet (Fig. 16 c, N. 1).

Der weitere Verlauf ist völlig analog dem Verfahren bei incompleten Dammrissen. Eine durchlaufende Naht für die Vagina und
eine für die versenkten Etagennähte können beliebig benutzt werden.
Der grösseren Sicherheit wegen knotete ich nach jeder Etage den durchlaufenden Faden mit dem Rectal- resp. Vaginalfaden und ging dann
wieder in der Tiefe zurück.

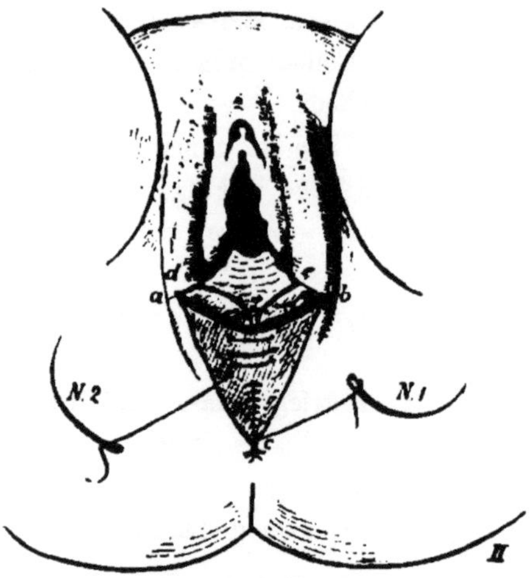

Bei der Nachbehandlung
habe ich, Hegar's Beispiel
folgend, eine leichte Stuhl-
entleerung befördert.

Die 36 auf diese Weise
behandelten Fälle sind alle
per primam geheilt, darunter
sogar einer, bei dem vom
Septum rectovaginale nur
1 $\frac{1}{2}$ cm übrig geblieben war,
so dass die Portio ins Rectum
hineinragte.

Wie aus der Beschrei-
bung ersichtlich ist, verbin-
det dieses Verfahren für

Fig. 16. Perineoplastik F.

complete Dammrisse die Vortheile der Schröder'schen Lappenplastik [1])
mit dem Fritsch'schen Verfahren, das in dem Bestreben gipfelt, den
Rectalschlauch vom Vaginalschlauch stumpf abzulösen. Namentlich
bei hoch ins Septum rectovaginale hinaufreichenden Einrissen sind die
Vortheile sehr ins Auge springend.

Aus den beigefügten Zeichnungen könnte man den Eindruck
gewinnen, dass nach Schluss der Wunde eine starke Spannung besteht. Dies ist jedoch keineswegs der Fall. Man bedenke, dass
während der Operation die seitlichen Parthien durch die Hände
der Assistenten auseinandergezogen sind, um die tieferen Parthien

---

[1]) Von verschiedenen Autoren, u. a. auch von Pozzi, ist die Schröder'sche
Methode fälschlich A. Martin zugeschrieben worden; siehe darüber Veit's Handbuch
für Gynäkologie, I, S. 402 u. 408.

leichter zugänglich zu machen. Die Zeichnungen geben dieses Verhältniss wieder. Lässt man die Seitenspannung weg, so muss — und darauf hat man während der Operation zu achten — in jedem Stadium der Operation das Operationsfeld zu einem klaffenden Längsspalt zusammensinken.

Bei der Anlegung der versenkten Nähte ist es nicht nöthig, mit pedantischer Aengstlichkeit die anatomisch zusammengehörigen Theile zusammenzusuchen. Man hat allein darauf zu achten, dass man sich stets in gleichem Abstand von der Mittellinie hält, und man kann sich das Einhalten derselben sehr erleichtern, wenn man von einem Assistenten den vaginalen und rectalen Faden stramm halten lässt.

Ich habe zu wiederholten Malen nachträglich constatiren können, dass nicht nur der Sphincter ani, sondern auch der Constrictor cunni seine volle Wirkung wieder erlangt hatte. Ein dankbarer Ehemann theilte mir sogar mit, dass er, sowie seine Frau erst nach der Operation Gelegenheit hatten, sich von der wohlthätigen Wirkung des Constrictor cunni zu überzeugen.

Eine Reihe von 115 Erfolgen, denen nur ein leicht zu vermeidender Misserfolg gegenübersteht, berechtigt mich, das eingeschlagene Verfahren warm anzuempfehlen.

Bei den wenigen Prolapsoperationen, die ich zu machen Gelegenheit hatte, habe ich mich ebenfalls nur der fortlaufenden Catgutnaht bedient. Die Kolporrhaphia anterior machte ich dabei stets nach Fehling-Hofmeier, indem ich die Columna anterior stehen liess und zwei seitliche myrthenblattförmige Lappen ausschnitt.

Wo auch die Portio entfernt werden musste, nahm ich beide Lappen mit der vorderen Lippe in einem Stück weg und nähte die Scheide über den Stumpf.

Beim Anlegen der Kolporrhaphia posterior habe ich, gleich Sänger, ein combinirtes Verfahren angewandt, das viele Aehnlichkeit hat mit einigen Acten der von mir empfohlenen Scheidendammoperation für gewisse Fälle von Retroflexio uteri.

Zunächst begann ich nach der Vorschrift Hegar's dicht unter der Portio einen triangulären Lappen aus der hinteren Scheidenwand von oben her loszupräpariren und, so weit nöthig, nach unten zu ziehen. Wo es anging, wurde sofort der obere Theil der Wunde mit tiefen und oberflächlichen durchlaufenden Catgutnähten geschlossen. War jedoch

im Interesse der Plastik ein vorläufiges Offenlassen geboten, dann legte
ich in den obersten Wundwinkel eine Knopfnaht mit langem Faden
und tamponirte von der Scheide aus die Wundhöhle.

Den zweiten Act der Operation bildete das oben beschriebene
Vorgehen vom Damme aus mit Loslösen des Vaginalschlauchs dicht
unter der Schleimhaut.

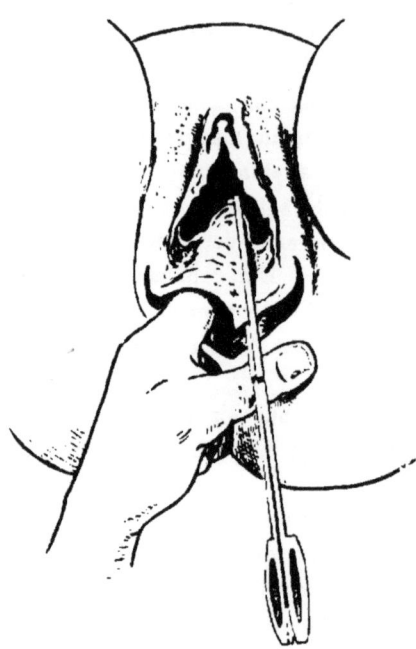

Ebenso wie bei Myom-
enucleationen hat man darauf
zu achten, dass man in der
richtigen Schicht, im losen
circavaginalen Bindegewebe
bleibt. Namentlich bei starker
Narbenbildung am Damm ist
das Auffinden derselben von
unten her manchmal erschwert.
Ist man einmal in die Schicht
gekommen, dann löst man die
Vagina, besonders bei Multi-
paren, mit überraschender Leichtigkeit. Das Loslösen von unten
her wird so lange fortgesetzt, bis
der Finger in der Medianlinie
unter dem von oben her gelösten
Lappen in die Vagina kommt.
Darauf werden (Fig. 17)
genau neben der Medianlinie

Fig. 17. Kolporrhaphia posterior.

zwei lange Doyen'sche Pinces angelegt, zwischen ihnen der Lappen
gespalten und beide Theile nach aussen umgerollt. Nun kann man
successive die versenkten Etagen von oben bis unten in einer Linie
durchlegen und schliesslich von den beiden seitlichen Vaginallappen
so viel entfernen, als man jeweils nöthig findet.

Bei Plastiken von geringerem Umfang ist das Anlegen der Pinces
nicht einmal nöthig; man schneidet unter Leitung des darunter liegenden
Fingers aus dem brückenförmigen Lappen das Nöthige mit der Scheere
heraus und vereinigt dann zunächst die Scheidennaht, um damit sofort
die am stärksten blutenden Theile zu versorgen.

Der Gesammtblutverlust ist minimal, die Dauer der Operation

schwankt bei genügender Assistenz zwischen zehn und zwanzig Minuten für die Posterior, zwischen fünf und fünfzehn für die Anterior. Von sechzehn so operirten Fällen heilten fünfzehn per primam und konnten meist schon am neunten Tage das Bett verlassen, welch letzterer Umstand auf Kosten der guten klimatischen Verhältnisse kommt. Die sechzehnte Patientin wurde am fünften Tage durch eine javanische Krankenpflegerin, die eine in der Nacht gestorbene Cholerakranke gewaschen hatte, inficirt und starb an Pyämie.

Von den übrigen fünfzehn habe ich zwölf noch vier Jahre nach der Operation wieder untersuchen können. Keine hatte ein Recidiv, trotzdem vier inzwischen wieder geboren hatten. Diesen Umstand kann ich jedoch nicht zu Gunsten der Methode verwerthen, da, wie gesagt, grössere Prolapse in Indien überhaupt nicht vorkommen und die Lebensweise derart ist, dass das Entstehen von Prolapsen, also auch noch mehr von Recidiven, sehr erschwert ist.

Den einzigen Prolaps der Urethra, den ich sah,

Fig. 18. Plastik an der Urethra.

habe ich in der Weise operirt, dass ich zunächst den ganzen Prolaps circulär amputirte, darauf aus der Urethra sowie aus dem umliegenden Gewebe je einen Keil zur Verengerung des Orificium excidirte und dann die Wunde mit Catgut schloss (Fig. 18). Der Erfolg war ein guter.

X.

Retroflexio uteri.

Von allen gynäkologischen Erkrankungen hat die Retroflexio uteri mit 1361 unter 3381 Fällen den Löwenantheil. Eine grosse Anzahl der Retroflexionen ist, wie oben gesagt, künstlich durch Ankat prut hervorgerufen.

Diese in Europa bis jetzt glücklicherweise noch nicht bekannte Causa morbi gibt dem Krankheitsbild für Indien ein besonders eigenthümliches Gepräge.

Von den 1361 Untersuchten habe ich 1052 Retroflexionen behandelt und zu wiederholten Malen untersucht.

Unter diesen 1052 Fällen waren 214 (= 21 %) fixirte und 838 bewegliche Retroflexionen.

Seit B. S. Schultze eine wissenschaftliche Basis für das Krankheitsbild der Retroflexio geschaffen hat, ist seine Auffassung ja wohl im Allgemeinen die massgebende geblieben und ist es auch für mich bei der Verwerthung meines reichhaltigen Materials gewesen.

Schultze's scharfe Differentialdefinition von Retroversio und Retroflexio völlig anerkennend, habe ich doch im Folgenden diese beiden, allein durch grössere oder geringere Beugbarkeit im mittleren Segment bedingten Abarten ein und derselben Affection aus praktischen Gründen nicht geschieden.

Dagegen möchte ich gleich Hegar und seinen Schülern [1]) principiell einer schärferen Scheidung zwischen mobiler und fixirter Retroversio-flexio mehr als allgemein üblich das Wort reden.

Eine fixirte Retroflexio resp. die Fixation einer bereits bestehenden· Retroflexio ist stets und ausschliesslich die Folge entzündlicher Vorgänge im kleinen Becken, die Retroflexio mobilis zählt verschiedene ätiologische Momente, worunter allerdings auch abgelaufene entzündliche Processe eine Rolle spielen.

Betrachten wir nun zunächst die Fälle von Retroflexio mobilis.

Ueber die Aetiologie derselben ist auch in Europa noch lange nicht das letzte Wort gesprochen.

Nach Schultze [2]) ist die Entstehung der Retroversio-flexio meist eine chronische.

„Es giebt auch,“ schreibt Schultze, „eine wenn auch seltene, acute Entstehung der Retroversion und Retroflexion, — und wahrscheinlich kommt dieselbe auch vor ohne alle vorausbestehende Anomalie der betreffenden Theile.“

Im Weiteren führt er als Ursache an: verstärkte Bauchpresse bei gefüllter Blase. „Von einem Sturz auf das Kreuzbein lässt es sich denken, dass er auch bei leerer Blase Retroversion bewirke.“

Fritsch [3]) sah „eine ganze Reihe von Fällen, wo mit grosser

[1]) Operative Gynäkologie, 1897, S. 621.
[2]) Pathologie und Therapie der Lageveränderungen des Uterus, 1881, S. 125.
[3]) Krankheiten der Frauen, 1892, S. 204.

Bestimmtheit die Symptome der Retroflexio und somit wohl auch die
Retroflexio selbst ganz acut nach einem starken Fall auf den Hintern
begannen".

Im jüngst erschienenen Veit'schen Handbuch hat Küstner, der
Schüler Schultze's, die Retrodeviationen behandelt.

Schultze's und Fritsch' Beobachtungen gegenüber klingt es eigen-
thümlich, wenn Küstner sich, trotzdem ihm die Werke Schultze's und
Fritsch' doch bekannt sein mussten, zu dem Ausspruch hinreissen lässt
(Bd. I, S. 127):

„Die Frage ist berechtigt, ob auch acut Retroversionen-flexionen
entstehen können. Die Möglichkeit ist vielleicht a priori nicht in Abrede
zu stellen. Die meisten Retroversionen-flexionen aber, welche wir auf
Grund anamnestischer Angaben auf eine acut wirkende Ursache zurückzuführen geneigt sein könnten, werden sich als incorrecte Beobachtungen oder als Verschlimmerungen eines bereits bestehenden, aber
noch symptomlos verlaufenden Zustandes entpuppen."

Der langen Rede kurzer Sinn ist: „Ich, Küstner, habe es nicht
gesehen, darum glaube ich lieber, dass die Anderen — in casu Schultze
und Fritsch — sich geirrt haben."

Wenn ich mir nun erlaube, zu den von Schultze und Fritsch genannten ätiologischen Momenten für acutes Entstehen der Retroflexio
mobilis als ein weiteres, und zwar von mir häufig beobachtetes Moment
das javanische Ankat prut zuzufügen, so entsage ich damit von vorn-
herein jeglicher Hoffnung, auch Küstner überzeugen zu können.

Aber wenn es mir in 164 unter 838 Fällen von Retroflexio mobilis
geglückt ist, durch einen einzigen combinirten Handgriff den Uterus
wieder in die normale Lage zurückschnellen zu lassen und in derselben
ohne Stützmittel zu erhalten, so schreibe ich dies nicht meiner be-
sonderen Geschicklichkeit zu, sondern dem Umstande, dass es sich in
allen diesen Fällen um eine künstlich durch Ankat prut erzeugte, demnach acut entstandene Retroflexion gehandelt hat.

Wenn Küstner auch mir nicht glauben will, dann tröste ich mich
mit Fritsch und Schultze. Wo deren Namen, mag auch meiner stehen.

Da unter den von mir in dieser Weise behandelten Frauen auch
verschiedene europäische Damen waren, die bereits einige Zeit früher
das Ankat prut erlitten und seitdem die Symptome der Retroflexio gefühlt hatten, so kann ich daraus — ausser dem acuten Entstehen —

noch den Schluss ziehen, dass unter sonst normalen Verhältnissen die Ligamente des Uterus ausserordentlich lange ihre natürliche Elasticität bewahren. — Denn wie wäre es sonst zu erklären, dass sie nach erfolgter Reposition sofort wieder im Stande waren, den Uterus dauernd in normaler Lage zu erhalten. Dies ist allerdings nicht immer der Fall. Ich habe oben bereits erwähnt, dass das Ankat prut schwere Incarcerationserscheinungen, Gangrän des Uterus und selbst den Tod zur Folge haben kann. Doch handelte es sich in allen diesen schweren Fällen um puerperale Uteri.

Inwieweit in den übrigen von mir beobachteten Fällen das Ankat prut, inwieweit andere Causalmomente zur Ausbildung der verschiedenen Krankheitsbilder beitrugen, lässt sich schwer entscheiden.

Abgesehen von den 164 sicher acut durch das Ankat prut entstandenen beweglichen Retroflexionen fand ich, der Schultze'schen Eintheilung folgend:

1. Retroflexionen durch puerile Entwickelungshemmungen und durch senile Rückbildung . . . . 66 Fälle.
2. Retroflexion durch Anteposition des Cervix . . . . . 20 Fälle.
3. Retroflexion durch hohe hintere Fixation und Metritis . 0 Fall.
   (In einem Fall von hoher hinterer Fixation nach dem Wochenbett lag der Uterus spitzwinklig anteflectirt.)
4. Retroflexion durch überwiegende Länge der vorderen Wand 4 Fälle.
5. Retroflexion durch Erschlaffung der Ligamente, hauptsächlich der Ligamenta retrouterina . . . . 584 Fälle.

Unter diesen Fällen waren:

   Complicirt mit Perinealruptur und Prolaps . . . 92
   Complicirt mit Gravidität 12

Gleich Schultze habe ich nicht mitgerechnet alle Fälle von Retroversio-flexio, die durch Ovarialtumoren und Myome bedingt waren. Eine Ausnahme hiervon machen die sub 4 erwähnten Fälle, worunter drei kleinere intramurale Myome indirect durch Vergrösserung der vorderen Wand die Veranlassung der Retroflexio wurden.

Von den sub 2 genannten Fällen waren fünf complicirt mit Blasenscheidenfisteln.

Unter den 584 sub 5 genannten Fällen war eine grosse Anzahl, bei denen sich ausser Schlaffheit der Ligamente keine weitere Abnormität nachweisen liess. Bei 235 fanden sich Verdickungen und

Narbenbildungen in den Parametrien oder noch bestehende Affectionen der Adnexa.

Diese 235 Retroflexionen müssen wohl alle als Endstadien eines abgelaufenen pelveoperitonitischen Processes betrachtet werden. Vielleicht ist auch ein Theil derselben aus früher fixirten Retroflexionen hervorgegangen. Ich werde darauf noch zurückkommen. Noch einige Worte über die Therapie.

Unter den 838 Fällen genügte in 164 die einmalige bimanuelle Reposition; von den sub 1 genannten 66 Fällen hatten die meisten, worunter sämmtliche senilen, überhaupt keine Behandlung nöthig; in 23 virginellen Formen genügte eine Excochleation mit vorhergehender Dilatation, um die Beschwerden wegzunehmen; in zwei Fällen wurde noch ein Hodge eingelegt.

Die sub 2 genannten Fälle heilten oder blieben doch symptomlos nach Behandlung des Grundleidens, der zum Theil mit Fisteln complicirten Parametritis anterior.

Die unter 4 aufgeführten vier Fälle redressirten sich alle; zwei nach operativer Entfernung der Tumoren, die zwei anderen, beides Myome, wurden reponirt und nach Einlegen eines Pessars mit Ergotin behandelt. In einem Fall war nach vier Monaten, im zweiten nach acht Monaten das Myom nicht mehr nachweisbar, worauf der Uterus auch nach Entfernung des Pessars in normaler Lage blieb.

Sehr verschiedenartig war die Therapie sub 5.

Bei allen mit Perinealruptur und Prolaps complicirten Fällen wurde eine hohe plastische Kolpoperineorhaphie ausgeführt, in acht von den 92 Fällen mit Eröffnung des Douglas nach der früher [1]) von mir publicirten Methode. In allen 92 Fällen kamen die Symptome nicht mehr zurück, obgleich manchmal später doch eine Retroversio wieder auftrat.

In sechs Fällen machte ich bei Gelegenheit anderweitig indicirter Laparotomie die Ventrofixatio uteri in der Weise, dass ich die Fäden des resp. der Adnexstümpfe durch die Wunde nach aussen leitete, nachdem ich das wandständige Peritoneum über die Wundfläche hingenäht hatte.

In weiteren 247 Fällen gelangten Pessare zur Anwendung, und zwar meist Celloidinpessare mehr weniger in der Form der Schlitten-

---

[1]) Zeitschrift für Geburtshülfe und Gynäkologie, 21.

pessare von Hodge, in einigen Fällen auch das Thomas-Olshausen'sche Pessar.

Bei den zwölf Retroflexionen gravider Uteri ebenso wie in fünf weiteren fixirten Fällen gelang stets die manuelle Reposition, mit temporärer Versicherung durch ein Pessar bis zum sechsten Monat. (Alle diese siebzehn sind rechtzeitig niedergekommen.)

Bei allen übrigen Fällen machte die Retroflexio als solche keine Beschwerden und erheischte darum auch keine Therapie.

Fig. 19. Retroflexio uteri fixata. Kleincystische Degeneration des linken Ovariums. Hydrosalpinx rechts. ²/₃ nat. Gr. Ansicht von hinten. Sectionsbefund.

Wo die Erscheinungen der begleitenden Metritis und Endometritis in den Vordergrund traten, wurden diese mit den üblichen Mitteln bestritten.

Die fixirte Retroflexio uteri ist stets die Folge einer Pelveoperitonitis.

Fig. 19 gibt den Sectionsbefund einer an Phthisis gestorbenen, nach Schätzung 46jährigen javanischen Frau, welche das typische Bild einer abgelaufenen Pelveoperitonitis in ihren charakteristischen Erscheinungen darbieten. Neben der cystischen Degeneration des linken und der Atrophie des rechten Ovariums sieht man links die chronisch entzündlich verdickte, rechts die zum Hydrosalpinx umgewandelte Tube

und die vom Rectum und seitlich her den atrophirenden Douglas über-
brückenden strangförmigen Adhäsionen.

In der folgenden Abbildung (20) ist der Sectionsbefund einer
nach Schätzung 50jährigen Javanin wiedergegeben.

Auch hier sind die hochgradigen Veränderungen der Adnexa
deutlich zu sehen. Der Uterus ist hier nicht, wie in dem vorigen Falle,
durch Stränge, sondern durch bandförmige Adhäsionen in Retroflexion
fixirt, in diesem Falle ist ausserdem der Cul de sac des Douglas'schen
Raumes erhalten geblieben.

Fig. 20. Retroflexio uteri fixata. Rechts Tubovarialcyste und Hydrops folliculorum.
Links Atrophie des Ovariums. ⅓ nat. Gr. Ansicht von hinten. Sectionspräparat.

Das von B. S. Schultze als Parametritis posterior beschriebene
Krankheitsbild konnte ich niemals uncomplicirt nachweisen. Oft bildete
dasselbe eine Theilerscheinung von rechts- oder linksseitiger Parametritis, am häufigsten aber liessen sich daneben Affectionen der Adnexa
nachweisen, die dann auch beim klinischen Bild der Erkrankung im
Vordergrunde standen.

Da diese letzteren Fälle unter den von mir beobachteten die grosse
Mehrzahl bildeten, so habe ich die beiden mitgetheilten Sectionsbefunde
als Paradigmata vorangestellt.

In dieser Auffassung scheine ich nicht allein zu stehen.

Hegar [1] schreibt darüber:

[1] Operative Gynäkologie, 1897, S. 621.

„Bei den fixirten Retroflexionen gehen sehr häufig die Schmerzen und anderen Beschwerden gar nicht von dem verlagerten Uterus aus, sondern Beschwerden und abnorme Lage sind gleichzeitig bedingt durch die entzündlichen Veränderungen im Parametrium, in den Bändern, in den Adnexen und im Beckenbauchfell. Die Retrodeviation ist nur ein Accidens."

Bei der Beschreibung des Krankheitsbildes, das Retroflexio fixata zur Folge hat, wird man, glaube ich, in Zukunft weniger die Localisation, als vielmehr die Art der Infection in den Vordergrund stellen müssen. Da wir bei Sectionen meist nur die Endresultate der Erkrankung zu sehen bekommen, so sind wir vorläufig, in Ermangelung genügenden anatomischen Substrates, hauptsächlich auf das klinische Bild angewiesen.

Kurz und scharf hat Bumm [1]) dasselbe für die gonorrhoische Pelveoperitonitis beschrieben, die wohl auch das häufigste Causalmoment für die fixirte Retroflexio darbietet.

Hier handelt es sich wesentlich um das Eintreten der Entzündungserreger von den Tuben aus in die Bauchhöhle. Wie bekannt, hat die gonorrhoische Pelveoperitonitis grosse Neigung zur Localisation. Man findet dann zunächst die entzündlich verdickten Adnexa hinter dem normal liegenden, perimetritisch verdickten Uterus und mit diesem zusammengebacken. Der Tumor erscheint durch adhärente Darmschlingen bedeutend grösser als er ist.

Mit dem Nachlassen der acuten oder subacuten Entzündungserscheinungen verkleinert sich der Tumor, es bilden sich anfangs leichter lösliche, später fester werdende strang- und bandförmige Adhäsionen; die weniger stark infiltrirten Ligamente ziehen sich zurück und werden kürzer und steifer; der schlaffer gewordene Uterus folgt dem Zuge meist allmälig, und wechselnde Füllung von Blase und Mastdarm thun das ihrige, um ihn in seiner fehlerhaften Lage zu erhalten. Wenn der Krankheitsprocess abgelaufen ist, so haben die Ligamente durch den Schwund der muskulösen Elemente und durch Narbendehnung ihre Elasticität verloren und sind nicht mehr im Stande, den Uterus in seiner normalen Lage zu erhalten, selbst in dem Falle, dass die Adhäsionen inzwischen resorbirt sein sollten. Wir haben dann Bilder wie

---

[1]) Veit's Handbuch für Gynäkologie, 1896.

die oben gegebenen, oder auch nur geringe Residuen in den Adnexen neben
fixirter oder auch wieder mobil gewordener Retroflexio vor uns.
Die Abbildungen stammen beide von anamnestisch sicher gonor-
rhoisch inficirten Fällen. Dass im ersten Falle auch Tuberkulose mit
im Spiel sein kann, ist zwar nicht absolut auszuschliessen, aber doch
unwahrscheinlich. Tuberkelbacillen waren weder in dem Gewebe der
Tuben, noch in dem der Ovarien nachzuweisen; das Bauchfell war
intact und ausser den Lungen zeigte kein Organ irgend welche tuberkulöse Affection.

Unter meinen 214 Fällen von Retroflexio fixata war 172 Mal
Gonorrhoe anamnestisch ab uxore zugestanden; in allen diesen Fällen
wurden auch die ersten Erscheinungen auf den Beginn des Ehelebens
zurückdatirt.

Eine zweite Quelle der fixirten Retroflexionen ist die puerperale
Infection; oder allgemeiner Wundinfection.

Es ist bekannt, dass schwere septische Erkrankungen meist allgemeine Peritonitis erzeugen und wenig Neigung zur Adhäsionsbildung
zeigen. Wo die Infection die Barriere des Peritoneums nicht überschritten hat, ist damit auch die Möglichkeit von Adhäsionsbildungen
bei Nichtbetheiligung des Peritoneums a priori unwahrscheinlich.

Trotzdem habe ich unzweifelhafte Fälle gesehen, bei denen sich
im Anschluss an ein fieberhaftes Wochenbett fixirte Retroflexionen entwickelt haben, ohne dass eine gonorrhoische Basis nachweisbar war.
Diese Fälle zeichneten sich in älteren Stadien durch besonders leicht
lösliche Adhäsionen aus.

Zur Erklärung dieser Thatsache bleibt nur die Annahme, dass
es sich bei den puerperalen Affectionen nicht um eine mehr oder
weniger heftig wirkende Art der Infection handelt, sondern um mehrere
in ihrem Auftreten und ihren Erscheinungen verschieden sich verhaltende
Infectionen.

Weiteren Untersuchungen bleibt die Entscheidung dieser Frage
vorbehalten.

Von den auf das Beckenbindegewebe localisirten puerperalen Infectionen, ohne Betheiligung des Peritoneums, dürfte wohl auch direct eine
Anzahl der sub 5 genannten beweglichen Retroflexionen herstammen,
hervorgerufen durch die dem Entzündungsstadium folgende Erschlaffung
der afficirten Bänder.

Was die von mir beobachteten fixirten Retroflexionen betrifft, von denen 41 anamnestisch im Anschluss an ein febriles Puerperium entstanden sind, so bin ich persönlich der Meinung, dass es sich in einem guten Theil dieser Fälle doch mit um eine latente gonorrhoische Infection gehandelt hat, die im Anschluss an das Puerperium exacerbirte und locale Pelveoperitonitis verursachte.

Nur einer der Fälle war complicirt mit tuberkulöser Erkrankung der Genitalien. Ob und in wie weit die Tuberkulose zur fixirten Retroflexio Veranlassung gab, wage ich nicht zu entscheiden.

Das Resultat meiner Beobachtungen kann ich demnach im Folgenden zusammenfassen.

Weitaus die grössere Mehrzahl der fixirten Retroflexionen ist complicirt mit entzündlichen Affectionen der Adnexa und beruht auf gonorrhoischer Basis.

Postpuerperale Retroflexionen sind meist beweglich; die adhärenten zeichnen sich aus durch leichte Löslichkeit ihrer Adhäsionen.

In 97 Fällen habe ich in Narkose die Schultze'sche Lösung der Adhäsionen vorgenommen und dieselbe meist mit Excochleatio uteri, sofortige Application eines Pessars und Tamponade des laquear posterius vereinigt; stets mit gutem Erfolg.

In acht Fällen habe ich die oben erwähnte Operation gemacht und die Adhäsionen im Douglas à vue gelöst.

In 53 weiteren Fällen habe ich, nach dem Vorschlage von Skutsch, statt in einer Sitzung in Narkose vorzugehen, die Lösung in wiederholten Sitzungen ohne Narkose allmälig vorgenommen. Meist glückt es in der dritten oder vierten Sitzung, den Uterus zu reponiren. Darauf wurde er durch ein Pessar fixirt und noch so lange mit Massage behandelt, als deutliche Verdickungen zu fühlen waren. Nach jeder Massage wurde ein resorbirender Tampon eingelegt.

In fünfzig Fällen genügte diese Behandlung; in dreien musste nachträglich operativ eingeschritten werden.

Versuchshalber wurden einige Fälle ausschliesslich mit Massage, ohne Pessar und ohne Tampons, behandelt; einer darunter zwei Jahre lang. Bei einigen schien der Erfolg günstig, es gelang mir, .den Uterus zwei, drei, in einem Fall sogar acht Monate lang in normaler Stellung zu halten, aber bei allen, ohne Ausnahme, stellten sich nach kürzerer oder längerer Zeit Recidive ein.

Bei drei Fällen von Retroflexio fixata, in denen aus anderen Gründen eine Laparotomie indicirt war, habe ich die Ventrofixation nach Lösung der Adhäsionen gemacht. Von diesen, sowie den obenerwähnten sechs Ventrofixationen bei Retroflexio mobilis sind acht nach vier Jahren ohne Recidiv geblieben, bei der neunten war schon nach einem halben Jahre der Uterus wieder nach hinten gesunken.

Von einer spontan verlaufenen Geburt ist mir später berichtet worden; ich hatte keine Gelegenheit, die Kranke noch zu untersuchen.

XI.

Myome.

Von den 184 Myomen, welche ich in Java zu beobachten Gelegenheit hatte, kamen 78 auf 1025 europäische und 106 auf 2356 javanische Frauen.

Wie oben bereits gesagt, ist der Procentsatz ungefähr der gleiche als in Europa und ist die relativ scheinbar geringe Anzahl Myome bei den Javaninnen dadurch zu erklären, dass dieselben im Durchschnitt jünger waren als meine europäischen Patienten.

Angesichts der grossen diesbezüglichen Statistiken Europas erscheint es überflüssig, dieses verhältnissmässig geringe Material mit Rücksicht auf Ehe, Geburten, Aborte etc. zu klassificiren.

Bezüglich des Wachsthums hat Schorler[1] am reichen Material Schröder's einen Grundstein für weitere Forschungen gelegt. Hier ein Gleiches zu thun, war schon darum unthunlich, weil Anamnese sowie Altersbestimmung bei den Javaninnen äusserst problematischen Werth haben.

Eine vereinzelte Beobachtung verdient hier immerhin erwähnt zu werden.

Im Februar 1890 hatte ich bei einer Dame von 42 Jahren eine Dermoidcyste des rechten Ovariums entfernt und mich bei der Ovario-

---

[1] Zeitschrift für Geburtshülfe und Gynäkologie, 11, S. 140 ff.

tomie überzeugen können, dass das linke Ovarium, sowie der Uterus von völlig normaler Grösse und Consistenz waren.

Im August 1893, also etwa 3½ Jahr später, wurde ich wegen eines vermeintlichen Recidivs wieder consultirt und fand ein hauptsächlich von der hinteren Wand des Uterus ausgehendes, hartes, knolliges Myom, das das Becken zum Theil ausfüllte und sich nach oben bis an den Nabel erstreckte. Mit der Sonde konnte man 15 cm in die Uterushöhle eindringen. Da sich bei der Sondirung herausstellte, dass der Uterusfundus 5 cm unterhalb des Nabels stand, so kann man den Längendurchmesser des Myoms, das nach unten bis an die Portio reichte, auf $15 + 5 = 20$ cm schätzen, was einem grössten Umfang von etwa 70 cm entsprechen würde.

Da nun bei der 3½ Jahre früher stattgehabten Operation am Uterus kein noch so kleiner Keim zu sehen und zu fühlen war, so kann man behaupten, dass in diesem Falle das Myom in höchstens 3½ Jahren, möglicherweise auch in kürzerer Zeit, einen Umfang von 70 cm erreicht hatte, trotzdem die Trägerin schon vorher das 42. Jahr erreicht hatte.

Schorler hat das durchschnittliche jährliche Wachsthum der Myome auf 10 cm im Umfang berechnet. In diesem Falle wäre demnach die Wachsthumsgeschwindigkeit etwa doppelt so gross, trotzdem weder Schwangerschaft dazu kam, noch Erweichung des Myoms eintrat.

Rückbildung und völliges Verschwinden von Myomen habe ich in zwei Fällen mit Sicherheit constatiren können. In beiden Fällen handelte es sich (s. o.) um Complication mit Retroflexio uteri mobilis; beide Myome sassen subserös im Fundus uteri, das eine war etwa 3 cm, das andere 3½ cm im Durchmesser nach Schätzung.

Nach Reposition des Uterus, Einlegen eines Pessars und Ergotinbehandlung war das kleinere Myom in vier Monaten, das grössere in acht Monaten klinisch nicht mehr nachweisbar.

Den Ausgang einer myomatösen Neubildung in Verkalkung habe ich gelegentlich operativer Eingriffe drei Mal nachweisen können. In zweien dieser Fälle, von denen der eine weiter unten noch besprochen werden soll, handelte es sich lediglich um kleinere, den grösseren Tumoren aufsitzende, verkalkte Myomknollen.

Der dritte Fall ist der folgende:

46jährige, steril verheirathete Patientin. Nach einjähriger Beobachtung wird wegen stärkeren Blutungen und Zunahme im Wachsthum zur Radicaloperation geschritten.

Portio kurz und konisch, Uterus eingebettet in harte, gross- und kleinknollige Massen, die bis zwei Finger über den Nabel reichen; links reicht der Tumor bis tief ins Parametrium herunter und wölbt sich in die Scheide vor. Die Portio bewegt sich mit dem Tumor, Sonde glatt, 20 cm, etwas vor der Führungslinie. Adnexa als solche nicht

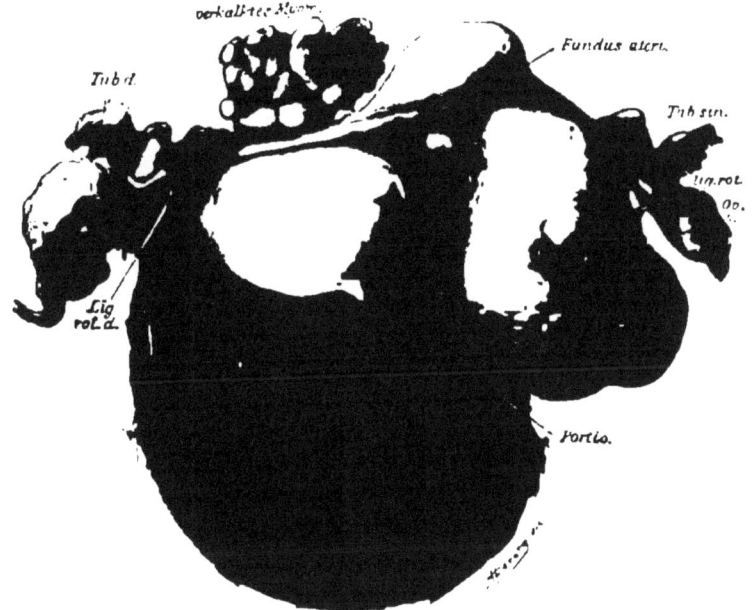

Fig. 21. Myoma uteri, durch Operation gewonnen, von vorn gesehen, ¹⁄₂ nat. Gr., mit verkalkten Theilen.

deutlich zu differenziren; die Ligamenta rotunda laufen über das vordere Segment des Tumors und verlieren sich an der Kuppe zwischen rundlichen, harten Knollen.

14. 3. 91. Laparomyomotomie. Gemischte Morphiumchloroformnarkose. Rückenlage. Asepsis. Dauer 35 Minuten.

Nach doppelseitiger Unterbindung werden die beiderseitigen Adnexa und Ligamenta rotunda durchschnitten; der Schnitt wird vorn über das rechte Ligamentum latum verlängert und daraus der intraligamentär entwickelte grosse Knollen stumpf ausgeschält. Das hintere

Blatt des Lig. lat. wird durchstossen und der freipräparirte Cervix elastisch ligirt; über der Ligatur abgetragen.

Nach Entfernung des Haupttumors fühlt man hinter dem rechten Schambeinast eine sequesterähnliche, verschiebliche Masse, die mit einer Darmschlinge durch lose, ohne Blutung stumpf lösliche Adhäsionen verbunden ist; nach Entfernung der Darmschlingen kommt man auf einen etwa faustgrossen, rundlichen Kalkklumpen, der völlig lose in der Bauchhöhle eingebettet ist und sich ohne irgend welche Blutung herausheben lässt. Aus der Topographie der Tumoren lässt sich nach-

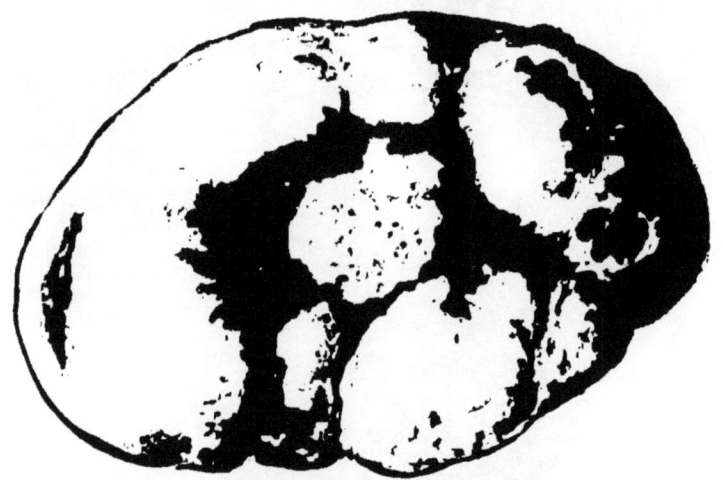

Fig. 22. Verkalktes Myom, durch Operation gewonnen, nat. Gr., 10,2 cm zu 6,2 cm.

weisen, dass derselbe zwischen dem Myom und dem Schambein eingeschlemmt war (Fig. 22).

Die Wunde nebst dem ganzen, in Etagen genähten Stumpf wird mit dem grossen Peritoneallappen des rechten Ligamentum latum übernäht und versenkt. Schluss der Bauchwunde.

Verlauf glatt. Am Morgen nach der Operation 38,2, sonst nicht über 37,6. Heilung p. p.

Das Präparat des supravaginal amputirten myomatösen Uterus gibt Fig. 21 in der Ansicht von vorn. Der kleine, dem Fundus vorn aufsitzende, erbsengrosse Tumor, sowie der höchstgelegene, kleinknollige Theil hatte verkalkte Parthien, die sich in dem Bilde durch ihre helle Farbe auszeichnen.

Den zweiten Tumor, der ausser der leichten Adhäsion mit einer Darmschlinge völlig frei in der Bauchhöhle gelegen hatte, gibt Fig. 22 in natürlicher Grösse wieder. Er hat die Umrisse eines Myomknollens bewahrt, ist jedoch völlig verkalkt und gibt beim Beklopfen überall Steinklang.

Operativen Eingriffen wurden von 184 Fällen im Ganzen 45, also etwa 24 %, unterworfen, und zwar wurde 21 Mal die Laparotomie gemacht und 24 Mal von der Scheide aus vorgegangen.

Zwei Fälle von Totalexstirpation des Uterus, bei denen neben Carcinom auch kleine Myome sich vorfanden, sind hier nicht mitgerechnet, da das Myom als solches nicht die Veranlassung zur Operation gewesen ist.

Von den Laparomyomotomien sind zehn nach der Schröder'schen Methode mit intraperitonealer Behandlung des Stieles und Etagennaht gemacht. In sämmtlichen Fällen handelte es sich um grössere Myome, die durch Druckerscheinungen, starke Blutungen oder schnelles Wachsthum die Operation nöthig machten. In sämmtlichen Fällen musste die Uterushöhle geöffnet werden, und alle sind ohne Zwischenfall geheilt.

Bei zwei weiteren Fällen gelang die Enucleation der Myome mit Erhaltung des Uterus nach Martin. Ein Fall ist geheilt, der andere wurde das Opfer der obenerwähnten septischen Epidemie.

Bei den neun übrigen Fällen handelte es sich um Complicationen, die mich veranlassten, von dem Schröder'schen Schema abzuweichen; abgesehen vom Liegenlassen der elastischen Ligatur nach dem Vorschlag von Olshausen und Treub habe ich so viel möglich getrachtet, in diesen Fällen den ganzen Stumpf auszuschalten.

In einem Fall waren beiderseits die Myome so tief intraligamentär entwickelt, dass ich Anstand nahm, die grosse Wundfläche zu versenken. In den übrigen acht Fällen hatte kürzere oder längere Zeit vor der Operation Fieber bestanden; der Grund für das Fieber war

in 1 Falle . . . . . Puerperale Infection,
. 2 Fällen . . . . Gangrän eines Myoms,
. 3 Fällen . . . . Salpingitis und Perisalpingitis,
. 2 Fällen . . . Pyosalpinx.

Bei der Operation wurde in allen diesen Fällen so vorgegangen, dass nach Vereinigung der peripheren Theile der Parametrien und Schluss der oberen Theile der Bauchwunde, durch Vernähung der wandständigen Peritoneallappen mit den Parametrien eine Ausschaltung des Raumes zu Stande kam, in dem der Uterusstumpf mit der elastischen Ligatur lag.

Nun wurde der Uterusstumpf durch zwei tiefgreifende Nähte gefasst, die durch die Muskulatur der Bauchdecken, ohne das Peritoneum mitzufassen, nach aussen gingen. Nach Anlegen der übrigen Bauchnähte wurde angezogen und so der Uterusstumpf mit elastischer Ligatur der vorderen Bauchwand extraperitoneal angelagert; vom Stumpf wurde nach aussen durch Jodoformgazestreifen drainirt.

Von den so behandelten acht Fällen sind vier gestorben, und zwar:

eine an der bereits vorher bestehenden puerperalen Peritonitis (Nachweis von Streptococcen vor der Operation);

eine an bereits bestehender Peritonitis bei Gangrän eines grossen Myomknollens;

eine dritte unter Erscheinungen von Lungenembolie bei völlig fieberfreiem Verlauf, am fünften Tage nach der Operation;

die letzte endlich, bei der die Operation sehr einfach war und vorher keinerlei peritonitische Erscheinungen wahrgenommen wurden, fällt in die Zeit der septischen Epidemie.

Trotzdem eigentlich keiner der Todesfälle der Methode als solcher direct zugeschrieben werden kann, so muss doch hervorgehoben werden, dass in den beiden ersten Fällen die Aussichten auf eine mögliche Heilung zweifellos grösser gewesen wären, wenn auch die letzten Reste des verdächtigen Gewebes mit entfernt worden wären.

Bei dem heutigen Stand der operativen Technik (sämmtliche Fälle sind vor 1891 operirt) würde ich der Doyen'schen Totalexstirpation für verdächtige Fälle den Vorzug geben, für uncomplicirte Fälle dagegen an dem Schröder'schen Verfahren festhalten.

Von den vier überlebenden Patienten wurde bei zweien die elastische Ligatur nach wenigen Monaten durch die Bauchdecken unter Eiterung ausgestossen, bei den zwei anderen blieb sie liegen, ohne weitere Nachtheile zu verursachen; jedoch habe ich diese beiden Patienten zwei Jahre nach der Operation aus den Augen verloren und kann daher nicht sagen, ob später vielleicht die Ligatur noch zu spucken anfing.

Einer dieser Fälle, der grösseres Interesse hat, folgt hier etwas ausführlicher.

38jährige Dame, seit fünfzehn Jahren steril verheirathet. Sehr heftige Dysmenorrhoe und Menorrhagien. Fluor albus seit der Hochzeit. Schmerzen in der linken Seite. Seit sechs Jahren fortwährend leidend und zum Lebensgenuss unfähig.

Vor fünf Jahren war von Simon Thoma ein Polyp vaginal entfernt worden.

Seit zwei Jahren wird ein langsam und gleichmässig wachsender Tumor im Abdomen wahrgenommen.

Als ich die Patientin im März 1889 mit dem Hausarzt, Dr. Kloos, untersuchte, fand sich ein den Uterus rings umgebendes, knolliges Myom, das etwas links von der Mittellinie bis nahe an den Nabel emporragte.

Ergotininjectionen.

Mitte Juni nahm der Tumor unter leichtem Fieber und heftigen Schmerzen an Grösse stark zu; die linke Kuppe fühlte sich prallelastisch an und war bei der Berührung sehr schmerzhaft.

Am 20. Juni entleerte sich unter leichter Abnahme der Schmerzen rahmiger Eiter aus der Vagina.

Am 8. Juli wurde, da die Eiterung noch immer anhielt, in Narkose ein Versuch gemacht, den Heerd breit zu öffnen.

In der Meinung mit einem vereiterten Myom zu thun zu haben, suchte ich zunächst von der Vagina aus den fluctuirenden Theil mit dem Trocart zu erreichen. Dies gelang nicht, trotzdem der Trocart 18 cm tief eingestossen wurde.

Da der Eiter aus dem Muttermund kam, so drang ich nun vorsichtig mit der Sonde ein, um eine eventuelle Communication zu finden. Die Uterusschleimhaut war überall gleichmässig glatt, die Sonde drang 9 cm tief ein.

Vorsichtig weiter tastend gelangte ich endlich mit der Sonde in der Gegend der linken Tubenecke in ein Divertikel, in dem ich die Sonde ohne den geringsten Widerstand 16 cm tief fortleiten konnte. Durch Controle von aussen konnte ich constatiren, dass sie sich in dem fluctuirenden Tumor befand. An ihrer Spitze hafteten beim Herausziehen weissliche Membranen.

Nun führte ich vorsichtig in derselben Richtung mit der Kornzange einen dünnen Jodoformgazestreifen durch den Uterus durch in die vermuthliche Abscesshöhle.

In den folgenden Tagen floss längs dem Gazestreifen unter Verkleinerung des fluctuirenden Tumors eine Unmasse Eiter aus. Am fünften Tage wurde unter wehenartigen Schmerzen der Gazestreifen ausgestossen und die Eiterung cessirte.

Am 17. Juli, nachdem zwei Tage keine Spur von Eiter mehr entleert worden war, führte ich wieder die Sonde ein und kam nun 11 cm nach links, 8 cm nach den anderen Richtungen.

Auf eine in die verkleinerte Abscesshöhle gemachte Jodinjection folgte eine zweitägige heftige Blutung. Darauf verschwanden die Schmerzen und der pralle Tumor bildete sich völlig zurück; die übrige Tumormasse dagegen blieb unverändert.

20. August Menstruation, dabei wieder unerträgliche Schmerzen und heftige Blutung. Mit Aufhören der Menses nach vierzehn Tagen wieder Besserung.

30. September. Bei der jetzt wieder eingetretenen Menstruation sind die Schmerzen wieder so ausserordentlich stark, dass Patientin dringend nach einer radicalen Operation verlangte, trotzdem sie auf die Gefahren derselben gewiesen wird.

Die Blutung dauert vierzehn Tage, worauf zur Operation geschritten wird.

16. October 1889. Laparomyomotomie. Gemischte Morphiumchloroformnarkose. Rückenlage. Antisepsis. Carbolschwämme. Dauer $^5/_4$ Stunden.

Nach Eröffnung der Bauchhöhle werden schrittweise einige Adhäsionen mit dem Omentum und einer Darmschlinge blutig gelöst.

Darauf wird um den höchstgelegenen Theil der Geschwulst nebst linken Anhängen eine vorläufige elastische Ligatur gelegt. Es gelingt nicht, dieselbe tief in den Douglas zu bringen, da der Tumor dort verwachsen ist. Ebensowenig ist es möglich, die Basis zu umspannen, wegen der beiderseitigen tief intraligamentären Entwickelung der Tumormasse.

Mit Rücksicht auf den vorher behandelten linksseitigen Abscess wird von rechts her der Tumor losgelöst, erst Spermatica und Adnexa versorgt, darauf die Myomknollen aus dem breit eröffneten rechten Parametrium herausgeschält; nachdem von dieser Seite her der Cervix frei gemacht war, durchstiess ich das rechte Parametrium und arbeitete mich stumpf hinten um den Cervix durch nach der linken Seite, bis daselbst nur noch die dünnen Blätter des Ligamentum latum auf meiner Fingerspitze ruhten. Hier wurden sie eingeschnitten und eine zweite elastische Ligatur durchgeführt, die den Cervix mit den beiden Uterinae versorgte.

Nach Abnahme der ersten Ligatur wurde der Tumor über der zweiten abgetragen und nach links übergeklappt, aus dem linken Parametrium allmälig vom Uterus her ausgeschält und schrittweise versorgt. Schliesslich hing der Tumor noch an den linken Adnexen und an einer breiten Adhäsion mit dem Rectum fest.

Die letztere wurde zunächst über fünf Ligaturen durchtrennt und schliesslich der linke Tubensack, der stark verdickt war und mit pseudomembranösen Auflagerungen sich umhüllt hatte, aus seinen Adhäsionen vorsichtig ausgelöst und abgetragen.

Da an einen guten Abschluss der Wundhöhle nicht zu denken war, so nähte ich das parietale Peritoneum unter dem Schlauch an das Ligamentum latum fest und befestigte den Stumpf mit den Schlauchenden extraperitoneal im unteren Wundwinkel.

Toilette. Schluss. Compressivverband. Der Verlauf war glatt; die höchste Temperatur 38 ° am Abend des ersten und des dritten Tages.

24. October. Nähte entfernt. Wunde p. p. geheilt. Starke Eiterung aus dem unteren Wundwinkel. Kein Fieber.

24. November. Fluctuation in der Regio pubica dicht über der für die Sonde gerade noch passirbaren, leicht secernirenden Fistel. Incision und Entfernung des Schlauches mit einem nekrotischen Gewebsfetzen. Die Eiterung hört auf, die Fistel schliesst sich vollkommen im Lauf einer Woche.

An dem anticipirten Klimax hatte die Patientin noch vier Jahre zu leiden.

Den entfernten Tumor stellt Fig. 23 vor. Zunächst stellte sich bei der Operation heraus, dass der früher beobachtete fluctuirende Tumor kein vereitertes Myom, sondern ein Pyosalpinx, höchst wahrscheinlich auf gonorrhoischer Basis, gewesen war. Der dicke, schlaffe Tubensack enthielt nach Eröffnung auch jetzt noch etwas eingedickten Eiter.

Auch die rechte Tube war verdickt und mit Eiter gefüllt.

An dem Präparat befanden sich einige der hinteren Fläche aufsitzende Knollen, die ganz oder theilweise verkalkt waren. Auf der Abbildung zeichnen sich dieselben durch hellere Färbung aus.

Ein weiterer, in gleicher Weise behandelter Fall, ein gleichfalls mit Pyosalpinx complicirtes Myom, ist dadurch einer kurzen Erwähnung werth, dass nach Abstossung der Ligatur durch die Bauchdecken eine von oben her mit Uterusepithel bekleidete Fistel entstand, durch die man mit der Sonde in die Vagina gelangte. Zur Zeit der Menses schwoll die Schleimhaut an und quoll als rother Pfropf aus der Fistel heraus; die Menstruation geschah nicht mehr durch die Scheide, sondern

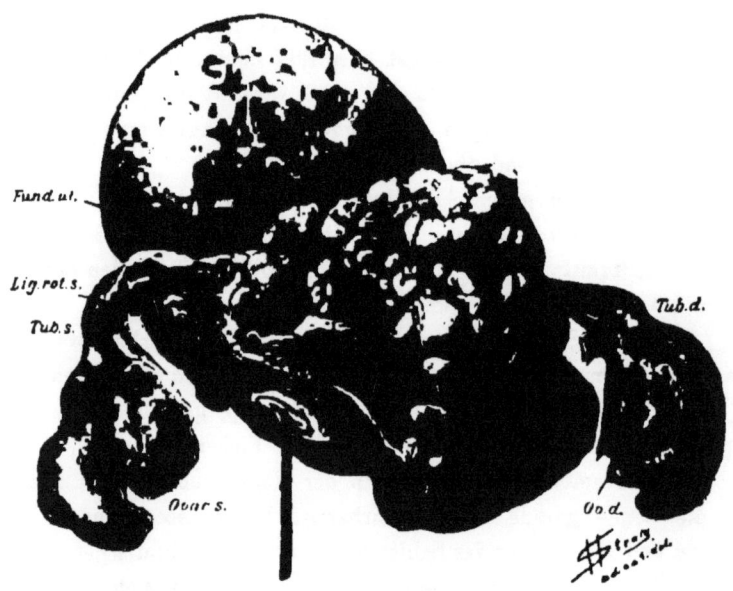

Fig. 23. Myomata uteri mit doppelseitigem Pyosalpinx und verkalkten Myomknollen; durch Operation gewonnen. Ansicht von hinten. ⅔ nat. Gr.

durch die Bauchdeckenfistel nach aussen. Dieses Phänomen wiederholte sich noch etwa sechs Mal, worauf unter Behandlung mit Argentum nitricum die Menses cessirten und die Fistel sich schloss.

Unter den 24 vaginalen Myomoperationen sind fünf Cervixmyome, die nach Spaltung des Mantels enucleirt wurden; nur bei zweien war Morcellement nöthig.

Ein weiteres, mit Retroflexio uteri complicirtes submucöses Myom der Uterushöhle liess sich leicht nach Spaltung des Cervix enucleiren. Der Uterus wurde redressirt und durch ein Pessar in normaler Lage erhalten.

Die übrigen achtzehn Fälle betreffen Polypen, von denen einer dadurch interessant war, dass er amyloide Degeneration zeigte, ohne dass ein anderes Organ des Körpers amyloid erkrankt war [1]. Alle diese Fälle heilten glatt.

Complicationen von Myomen mit Ovarialtumoren habe ich in zwölf Fällen, mit Carcinomen in fünf Fällen wahrgenommen. Dieselben boten nichts Besonderes.

Complication von Myomen mit Schwangerschaft habe ich bei Europäerinnen in zehn Fällen, bei Javaninnen in vier Fällen gesehen. Sämmtliche vierzehn Fälle verliefen glatt, ohne Kunsthilfe.

In fünf Fällen stellten sich während der Schwangerschaft vorzeitig Wehen ein, die jedoch nach kleinen Morphiumdosen sofort wieder verschwanden.

In einem Falle endlich wurde ich dadurch überrascht, dass die anfänglich das ganze kleine Becken ausfüllenden Tumormassen mit dem Fortschreiten der Schwangerschaft empor und auseinander rückten, so dass sich schliesslich die ganze Masse in sechs völlig getrennte Myome auflöste, die alle über dem Becken dem Uterus angelagert waren.

Nur in zwei Fällen folgte post partum eine etwas stärkere Hämorrhagie, die auf die gewöhnlichen Mittel bald stand.

Vor etwas mehr als zehn Jahren [2] habe ich unter dem Eindruck der glänzenden Erfolge Schröder's bei der Behandlung dieses Themas das operative Einschreiten in der Gravidität in günstigerem Lichte gesehen, als ich es jetzt thue.

Nicht, als ob ich die damals von Schröder operirten Fälle nicht auch heute noch als streng angezeigte Eingriffe beschaute; im Gegentheil, in dieser Beziehung ist meine Meinung unverändert geblieben.

Doch hat schon damals Schröder seine warnende Stimme erhoben, als A. Martin über einen Fall berichtete, wo er ohne strenge Indication ein faustgrosses Myom am graviden Uterus entfernt hatte.

Heute ist diese Mahnung nur noch mehr gerechtfertigt.

Wenn unsere operative Technik in den letzten Jahren so weit fortgeschritten ist, dass auch Unerfahrene ungestraft grössere Operationen wagen können, so sind wir noch mehr als früher verpflichtet,

---

[1] Zeitschrift für Geburtshülfe und Gynäkologie, 17.
[2] Zeitschrift für Geburtshülfe und Gynäkologie, 12, S. 262.

bei Myomen so lange als irgend möglich zu warten, gerade weil die verbesserte operative Technik auch für schwerere Fälle trotz dem Abwarten weit bessere Resultate gestattet, als vor zehn Jahren.

Hofmeier [1]) hat sich in einer sehr sorgfältig ausgearbeiteten kritischen Studie dahin ausgesprochen, dass man fast niemals in die Lage komme, während der Schwangerschaft oder Geburt wegen des Myoms einzuschreiten.

Ich kann mich Hofmeier darin nur unbedingt anschliessen, und wenn Hofmeier (l. c. S. 227) sagt, dass ich in meiner früheren Arbeit „durch Gegenüberstellung der günstigen Resultate bei Eingreifen in der Schwangerschaft und der ungünstigen beim Abwarten entschieden zu Gunsten des Ersteren plaidire", und dass diese meine Ansicht in diesem Sinne vielfach in der Literatur verwerthet worden ist — so möchte ich doch hier hervorheben, dass ich mich schon damals äusserst vorsichtig ausgedrückt habe. Ich schloss damals meine Arbeit (l. c. S. 280) mit den Worten: „— man kann hier nur unbestimmt und individualisirend das Einschreiten in der Gravidität gutheissen."

Nach den überraschend günstigen Resultaten beim Abwarten auch in schwereren Fällen, von denen ich oben gesprochen, kann ich mich heute noch entschiedener im obigen Sinne aussprechen.

Ganz besonders aber möchte ich, gleich Hofmeier, hervorheben, dass das Myom als solches kaum jemals als Ursache eines Abortes angesehen werden darf, so dass es völlig unberechtigt ist, einen drohenden Abort als Indication für eine Myomotomie intra graviditatem aufzustellen, was ja leider von verschiedenen Autoren gethan wurde. Vorzeitige Contractionen lassen sich, wie oben gesagt, leicht durch Morphium beseitigen; wo aber ein Abort wirklich droht, da beseitigt man durch Myomotomie wohl niemals die wirkliche Ursache.

Gleich Hofmeier konnte auch ich mich von einem durch die Gravidität bedingten schnelleren Wachsthum der Myome nicht überzeugen.

---

[1]) Zeitschrift für Geburtshülfe und Gynäkologie. 30, S. 199.

XII.

Ovarialtumoren.

Da ich die pathologisch-anatomischen Resultate der von mir in Java operirten Ovarialtumoren bereits in einer grösseren Monographie [1]) veröffentlicht habe, so kann ich mich hier in der Hauptsache auf einige klinische Thatsachen beschränken.

Von den 241 untersuchten Ovarialtumoren, die sämmtlich die Grösse einer Männerfaust überschritten hatten, entstammten 64 der europäischen, 177 der javanischen Bevölkerung.

Wie bereits erwähnt, habe ich bei den letzteren vorwiegend intraligamentäre Entwickelung gesehen, welchen Umstand ich auf die Massage durch Dukuns zurückführe.

Unter diesen Fällen waren:

Complicationen mit Myomen . . . . . . 10 Fälle
„   „ Carcinom . . . . . . 1 Fall
„   „ Schwangerschaft . . . 2 Fälle
„   „ Geisteskrankheit . . . . 1 Fall

Zur Operation kamen 45 Fälle, davon wurden 42 laparotomirt mit neun Todesfällen, drei per vaginam nach Gaillard Thomas operirt ohne Todesfall.

Unter den Operirten finden sich folgende Complicationen, mit

Stieltorsion und Peritonitis . . . . 8 Fälle
Myomen . . . . 4 Fälle
Gravidität . . . . 1 Fall
Geisteskrankheit . . . . 1 Fall

Die neun Todesfälle vertheilen sich folgendermassen.

Von den acht Fällen mit Stieltorsion und consecutiver Peritonitis starben vier, und zwar an

der bereits bestehenden Peritonitis . . 2
Erschöpfung 3 Wochen später . . . 1
Shok (Tumor von 21 Pfund) 1

——— ——— -

[1]) Geschwülste der Eierstöcke, Kornfeld 1894.

Ein weiterer Fall, ein grosses Sarkom des Ovariums bei einem jungen Mädchen von siebzehn Jahren, starb ebenfalls an Shok kurz nach der Operation, die übrigen vier Fälle, sämmtlich sehr einfach und nicht complicirt, wurden alle die Opfer der oben erwähnten Epidemie.

Eine Mortalität von 20 % für Ovariotomien ist heutzutage nicht gerade glänzend zu nennen, und selbst wenn ich die durch höhere Mächte verursachten vier Todesfälle abzähle, so bleibt doch noch eine Mortalität von 12 % übrig, statt der erwünschten 5 bis 2 %.

Eine Erklärung dafür finde ich einmal in der Thatsache, dass ich meist sehr spät zur Operation zugezogen wurde, dann aber in der oft ungenügenden und nicht genug geschulten Assistenz.

Wie dem auch sei, die Beschreibung der Fälle wird den Leser in die Lage bringen, sich ein eigenes Urtheil zu bilden, namentlich auch über die Fälle, bei denen ich „Shok" als Todesursache verzeichnet habe.

Von acht Fällen mit Stieltorsion und Peritonitis sind vier gestorben. Kein einziger dieser Fälle kam frisch zur Operation.

Bei den vier Ueberlebenden hatten sich zahlreiche Adhäsionen mit Netz und Darmschlingen gebildet; in einem Fall war ich genöthigt, ein Stück der Cyste, das mit Magen, Leber und Dickdarm verwachsen war, zu reseciren und in den oberen Wundwinkel einzunähen, in einem anderen Fall bestand gar keine Verbindung mehr mit den Genitalorganen, so dass nur an dem Fehlen des rechten Ovariums und der Dislocation der Tube der ursprüngliche Sitz der Geschwulst ausgemacht werden konnte.

Die vier Todesfälle sind die folgenden:

1. Chinesische Frau von 35 Jahren (Dr. Kloos), steril verheirathet; seit zwei Jahren rasches Wachsthum des Unterleibes, später Brechneigung und Fieber. Zwei Mal trat bereits spontaner Durchbruch in der Linea alba ein, wobei sich seröse Flüssigkeit entleerte. Umfang in der grössten Circumferenz 120 cm.

Abdomen colossal gespannt; per vaginam fühlt man vom kleinen, antiflectirten Uterus beide Ligamente auf den Tumor übergehen. Temperatur 40 °.

Operation im Hause der Patientin.

Tumor mit der vorderen Bauchwand in grosser Ausdehnung verwachsen, an der hinteren Wand zahlreiche Adhäsionen mit Netz und

Darmschlingen. Därme bräunlich verfärbt. Colloide Flüssigkeit und papilläre Wucherungen in der Bauchhöhle; linke Anhänge mit dem Tumor verwachsen, der in breitem, einmal torquirtem Stiel vom rechten Ovarium ausgeht. Blutverlust minimal. Dauer der Operation wegen der vielen Adhäsionen 1 ¼ Stunde.

Verlauf: Erst zwei Tage fieberlos, am dritten wird der Verband durch die Mutter der Patientin abgenommen und der Bauch mit Oel eingerieben; Abends wieder Fieber, am folgenden Tag Exitus. Der entfernte Tumor wog 21 kg.

2. Javanische Frau von etwa neunzehn Jahren, mit 39⁰, unter peritonitischen Erscheinungen (Brechen, Tympanie und Facies hippocratica) nach mehrtägiger Reise im Hospital aufgenommen.

Operation am folgenden Tage; in der Bauchhöhle schmutzig-braun verfärbte Flüssigkeit. Tumor, von dem rechten Ovarium mit 1 ½ Stieldrehungen ausgehend, braunroth verfärbt, mit schmutzigen Pseudomembranen und Fibrinfäden überlagert, an der vorderen Bauchwand, dem Netz und dem Colon ascendens adhärent. In der Ascites-flüssigkeit, während der Operation entnommen, findet sich Streptococcus pyogenes aureus.

Dauer der Operation zwanzig Minuten.

Multiloculäre Cyste von 8 kg. Nach der Operation Euphorie; Temperatur 36,5, Abends 38,4; am dritten Tage Exitus unter peritonitischen Erscheinungen.

3. Javanische Soldatenfrau von etwa 24 Jahren. Nach einem Fall heftiger Schmerz in der rechten Seite und plötzliche Anschwellung des Leibes. Durch bimanuelle Untersuchung lässt sich leicht constatiren, dass es sich um eine gut kindskopfgrosse, pralle, elastische Cyste des rechten Ovariums handelt. Dieselbe ist frei beweglich, der torquirte Stiel durch die dünnen Bauchdecken leicht zu fühlen. Kein Fieber. Diagnose: frische Stieldrehung. Der consultirende Arzt weigert die vorgeschlagene Operation. Fünf Tage später werde ich wieder zur Patientin gerufen: Temperatur 39,5⁰. Tumor bis an das rechte Hypochondrium emporragend; nicht beweglich; grosse Erschöpfung.

Patientin und Arzt wünschen dringend Operation, die am folgenden Tage stattfindet. Der Bauchschnitt trifft direct in die überall adhärente Cyste, aus der sich vier Liter grauen dünnflüssigen Eiters entleeren.

Die Cyste wird mit lauwarmer Borsalicyllösung durchgespült, bis dieselbe hell abläuft; die Höhle wird mit steriler Gaze tamponirt, da man sich von dem Inneren der Cyste aus überzeugen kann, dass dieselbe überall verwachsen ist und nicht enfernt werden kann.

Nach der Operation ist die Temperatur normal und bleibt so; aus der Cyste entleert sich erst Eiter, später seröse Flüssigkeit; der Puls der Patientin hebt sich nicht trotz kräftiger Ernährung; nach drei Wochen Exitus in höchster Erschöpfung.

4. Patientin aus Deli. Telegraphisch berufen, erhalte ich nicht den gewünschten Urlaub. Gegen den Rath ihrer dortigen Aerzte macht Patientin die zweitägige Reise nach Batavia in sitzender Stellung, da ihr die Athemnoth in Folge des rasch wachsenden Tumors das Liegen unmöglich macht.

Bei der Ankunft in Batavia besteht hochgradige Dyspnoe, Oedem der Bauchdecken und beider Beine; Puls unregelmässig und schwach, Temperatur 38,5. Abdomen sehr empfindlich; im Urin etwas Albumen, keine Cylinder. Zwei Tage darauf Laparotomie. Narkose in sitzender Stellung.

Wand der Cyste, die vom rechten Ovarium ausgeht, in breiter Fläche mit der vorderen Bauchwand verwachsen, wird incidirt und entleert blutig-schleimige, colloide Flüssigkeit, in der traubige, goldgelbe Cysten schwimmen. Allmäliges Lospräpariren gelingt stumpf, ohne Blutung; aus der freien Bauchhöhle entleert sich braun gefärbter Ascites, die Därme sind braunroth, mit sulzigen Pseudomembranen bedeckt. Leichte Blutung aus dem sulzigen verwachsenen Omentum, während der der Puls schwächer ist, wird sofort mit Paquelin gestillt. Der doppelt torquirte Stiel wird über sechs Ligaturen abgetragen. Puls bleibt gut, auch nach der Entfernung des linken, ebenfalls degenerirten Ovariums. 30 Minuten. Patientin wird ins Bett gebracht. Puls plötzlich bei Einnahme der Rückenlage verschwunden. Exitus.

Bei der Section fand sich kein freies Blut in der Bauchhöhle.

Gewicht der Cyste 10,5 kg.

Gemischte Dermoidcyste.

Ich bin überzeugt, dass sich diese sämmtlichen vier Todesfälle bei rechtzeitigem Eingreifen sicher hätten vermeiden lassen. In den beiden letzten Fällen ist der unglückliche Ausgang um so mehr zu beklagen, als dabei die Schuld der Verzögerung auf ärztlichen Schultern ruht.

5. Javanisches Mädchen von etwa siebzehn Jahren mit grossem Sarkom des rechten Ovariums von 10,5 kg Gewicht. Sehr kachektisch und schwach. Operation nicht ohne Blutverlust wegen ausserordentlich schwieriger Stielbildung (das ganze Beckenperitoneum ist mit emporgehoben). Nach der Operation Puls gut; Patientin fühlt sich wohl; drei Stunden später plötzlicher Exitus. Im Abdomen kein Blut, weitere Section nicht gestattet.

Die übrigen vier Fälle starben alle am dritten bis fünften Tage nach der Operation unter dem ausgesprochenen Bilde der foudroyanten septischen Peritonitis.

Die 36 geheilten Ovariotomien betrafen meist über mannskopfgrosse Cysten und Tumoren mit mehr weniger zahlreichen Adhäsionen; allein die drei nach Gaillard Thomas operirten Fälle, die durch Druckerscheinungen im Douglas einen Eingriff nöthig machten, waren kleiner.

Ich glaube, dass diese Daten genügen, um den Werth meiner Statistik gegenüber denen europäischer Operateure zu beurtheilen.

Abgesehen von allen zufälligen Einflüssen aber, sind die hier gemachten Erfahrungen nur wieder ein Beweis dafür, dass man bei Ovarialtumoren bei einmal feststehender Diagnose je eher, je lieber operiren soll, und dass frühzeitiges Operiren, ganz abgesehen von eventueller Malignität des Tumors, stets eine viel bessere Prognose bietet, als zu langes Abwarten.

Trotzdem ich bezüglich der anatomischen Einzelheiten auf meine obenerwähnte Monographie verwiesen habe, möchte ich hier doch ganz kurz auf einen auch klinisch seltenen Befund hinweisen, den ich bei Gelegenheit der Section des zweiten Todesfalles zu beobachten Gelegenheit hatte. Bei der Operation wurde eine multiloculäre Cyste des rechten Ovariums von 8 kg entfernt. Das linke Ovarium schien normal.

Bei der Section zeigte sich jedoch der folgende überraschende Befund (Fig. 24).

An dem peripheren Ende des scheinbar normalen Ovarium sass an einem langen, dünnen Stiel, unter der Flexura sigmoidea völlig verborgen, ein kleines Papillom, zwei ganz kleine Papillomknötchen fanden sich auf der Tube derselben Seite; im Ligamentum latum eingebettet lagen fünf kleine Cysten, von denen zwei auf der Abbildung zu sehen sind. In der entfernten Cyste der anderen Seite liess sich keinerlei Papillombildung nachweisen, so dass an Metastasenbildung nicht gedacht werden kann.

Es war demnach rechts ein (makroskopisch) reines Adenoma cysticum, links ein reines Adenoma papillare ovarii zu constatiren; in der Literatur konnte ich einen ähnlichen Fall nicht finden.

Fig. 24. Papillom des linken Ovariums. Cysten des Ligamentum latum.
Nat. Gr. Sectionsbefund.

Von den zwei Complicationen von Ovarialtumoren mit Gravidität entzog sich der eine weiterer Behandlung; der andere ist durch einige Complicationen interessant genug, um ihn hier in extenso mitzutheilen.

Am 12. August 1891 wurde ich von Dr. Fiebig in Consult gerufen zu einer Dame, bei welcher er meinte, neben Schwangerschaft ein Genitalleiden annehmen zu müssen.

Patientin, eine gracil gebaute Frau von 27 Jahren, hat zwei normale Schwangerschaften und Geburten durchgemacht, die letzte im März 1890. Seit dieser Zeit Schmerzen in der rechten Seite und Dysmenorrhoe. Seit Juni wenig und sehr unregelmässig menstruirt.

Status. Uterus nach Form, Grösse und Consistenz schwanger im dritten Monat, rechts neben dem Uterus ein sehr beweglicher Tumor von Gänseeigrösse, der mit langem Stiel vom rechten Uterushorn ausgeht. Ovarium dieser Seite daneben nicht zu fühlen. Linkes Parametrium diffus verdickt und sehr empfindlich.

Diagnose: Graviditas m. III, Tumor ovarii dextri. Links Parametritis, wegen Schmerzhaftigkeit nicht näher zu bestimmen. Vorläufige Behandlung mit Ichthyolglycerintamponade.

12. September zweiter Consult. Dr. Fiebig hatte inzwischen regelmässig Temperatur aufgenommen und sich überzeugt, dass kein Fieber bestand. Schmerzen links waren verschwunden. Status. Uterus nach Form, Grösse und Consistenz schwanger im vierten Monat; links zähe, wenig empfindliche Stränge, hinter denselben das normal grosse linke Ovarium. Tumor rechts doppelt so gross als vor einem Monat, hauptsächlich in der Längsrichtung gewachsen, der äusserste, sehr bewegliche Pol liegt im Cavum Douglasi, lässt sich jedoch sehr leicht nach rechts und oben verschieben.

Das schnelle Wachsthum des Tumors ohne Fieber berechtigte zur Annahme, dass es sich um ein Neoplasma und nicht um ein Entzündungsproduct handle.

Wir beschlossen darum, zur Operation überzugehen, um so mehr, als bei dem langen Stiel und der Beweglichkeit des Tumors Gefahr von Stieltorsion vorhanden war.

Die Operation wurde auf den 16. September festgesetzt.

Am 15. Abends liess mich die Patientin wegen heftiger Schmerzen in der rechten Seite rufen.

Der Tumor war über mannskopfgross und sehr empfindlich. Es konnte sich um Stieltorsion oder um Incarceration einer Darmschlinge zwischen Tumor und Uterus handeln; für die letztere Annahme sprach, dass über einem Theil des Tumors tympanitischer Schall war.

Aus äusseren Rücksichten wurde nicht sofort die Operation gemacht, sondern Opium verabreicht.

Die Patientin machte eine ziemlich gute Nacht durch und wurde den folgenden Morgen um sieben Uhr ins Operationszimmer gebracht; der Befund war wie den Abend vorher.

Trendelenburg'sche Lage. Gemischte Morphiumchloroformnarkose. Asepsis. Operationsdauer zwölf Minuten.

In der Schnittlinie erscheint zuerst der blaurothe, im vierten Monat schwangere Uterus; er wird mit einem warmen Schwamm bedeckt und zur Seite geschoben. Zwischen ihm und dem langgestielten Tumor ist ein Theil des Cöcums mit dem Processus vermiformis incarcerirt, die eingeklemmten Parthien hatten eine rothe Farbe mit mattblauem Glanz im Gegensatz zu dem Hellrosa der nicht eingeklemmten Theile. Sogleich nach Entwickelung des Tumors schlüpften die eingeklemmt gewesenen Theile, die noch nirgends verwachsen waren, zurück. Nach doppelter Unterbindung wird der Tumor abgetragen; die Blutgefässe auf der Schnittfläche noch besonders versorgt.

Schluss der Wunde.

Verlauf reactionslos. Höchste Temperatur 37,4 °. Am achten Tage wurden die Nähte entfernt.

Weiterer Verlauf der Schwangerschaft ungestört.

Im October wurden die ersten Kindesbewegungen gefühlt.

Am 27. März 1892 spontane Geburt eines lebenden Mädchens von 3000 g. Wochenbett normal.

Der entfernte Tumor, ein Adenoma cystopapillare, hatte eine Grösse von 16 bei 8 cm.

Meines Wissens ist dies der erste Fall, bei dem eine Incarceration von Darmschlingen zwischen einem Ovarialtumor und dem schwangeren Uterus diagnosticirt und operativ beseitigt wurde. Ausserdem aber bietet dieser Fall einen neuen Beweis für das rasche Wachsthum der Ovarialtumoren während der Schwangerschaft, welches Factum auch von Hofmeier besonders hervorgehoben wird im Gegensatz zu Myomen, die diese Erscheinung bei Schwangerschaft nicht zeigen.

Die Frage, in wie weit Affectionen des Ovariums Einfluss auf die Psyche haben können, ist noch nicht zu einem gewünschten Abschluss gebracht.

Während Einige sehr energisch Front machen gegen die in letzter Zeit nur allzu häufige Entfernung auch gesunder Ovarien, gibt es in Amerika Menschen, die allen Ernstes den Vorschlag machen, alle geisteskranken Frauen zu castriren in der Hoffnung, dass eine oder die andere derselben geheilt werden kann.

Beide Auffassungen halte ich für verkehrt, und ich glaube, dass nur durch ernstes Zusammenwirken von Neurologen und Gynäkologen wirklich wissenschaftliche Resultate erzielt werden können.

Wenn das Entfernen klinisch gesunder Ovarien auch stets noch in gewissem Sinne ein Experiment bleibt, so ist sicher die Verantwortlichkeit leichter in solchen Fällen, wo es sich um ein wirkliches Neoplasma handelt. Einen solchen Fall habe ich zusammen mit Dr. Lykles, Irrenarzt in Buitenzorg, behandelt.

Javanin von etwa 45 Jahren, steril verheirathet, seit einigen Jahren in der Menopause, im Irrenhaus in Buitenzorg verpflegt wegen leichter Dementia post maniam.

Der geistige Zustand der Patientin war derart geworden, dass sie in der letzten Zeit an nichts mehr Antheil nahm und still vor sich hinstarrte.

Die früheren maniakalischen Zustände waren zusammengefallen mit der Zeit, in welcher Patientin eine allmälige Zunahme ihres Unterleibs und Aufhören der Menstruation bemerkte. Dieser Umstand erlaubte die Annahme, dass der geistige Zustand in gewissem Zusammenhang mit dem Unterleibsleiden stehen könne.

Bei der Mittheilung, dass sie von ihrem Unterleibsleiden befreit werden könne, gab sie zum ersten Mal wieder Zeichen von Interesse, so dass Dr. L. sich der Hoffnung hingab, dass eine Operation auch auf den Geisteszustand einen günstigen Einfluss ausüben könne.

Bei der am 10. März 1891 vorgenommenen Untersuchung, welche Patientin in Gegenwart von Dr. L. willig geschehen liess, fand ich einen bis an das Sternum reichenden, unregelmüssig prall knolligen Tumor, der wenig beweglich war. Leibesumfang 89 cm. In der Scheide fühlt man den rechts nach hinten liegenden Fundus uteri von normaler Grösse; darunter, weit nach der Articulatio sacroiliaca zu, einen für das rechte Ovarium angesprochenen, haselnussgrossen Körper. Die linken Anhänge gehen mit deutlichem Stiel auf den Tumor über. Diagnose: Multiloculäre Cyste des linken Ovariums mit breiten Adhäsionen.

Am 31. März wurde die Ovariotomie in einem dazu hergerichteten Zimmer des Irrenhauses in Buitenzorg ausgeführt.

Rückenlage. Morphiumchloroformnarkose, in der Bauchhöhle sterile Borsäurelösung.

Bauchschnitt hoch über dem Nabel. Leichter Ascites. Cyste in doppelter breiter Fläche mit dem Omentum verwachsen; zwischen zehn doppelten Massenligaturen werden die Adhäsionen durchschnitten und mit dem Paquelin verschorft.

Der eigentliche Stiel, der durch eine halbe Torsion atrophisch geworden war, konnte mit einer einzigen Doppelligatur versorgt werden.

Das rechte, stark atrophische Ovarium wurde zurückgelassen.

Schluss. Dauer 25 Minuten.

Am Abend des ersten Tages 38,5 °, dann nicht über 37,5 °.

Am achten Tag Verbandwechsel und Entfernung der Fäden. Glatte Heilung.

Der entfernte Tumor wiegt 7 kg, und ist ein multiloculäres Adenocystom.

Während der Nachbehandlung zeigte Patientin grosse Theilnahme an allem, was mit ihr geschah, befolgte die ärztlichen Vorschriften mit der ängstlichsten Sorgfalt und äusserte zu wiederholten Malen ihre Gefühle von Dankbarkeit, jedoch war sie überzeugt, dass nicht ich, sondern Dr. L. die Geschwulst entfernt habe.

Auch für Essen und Trinken fing sie wieder an, sich mehr zu interessiren, so dass vorläufig quoad mentem ein sehr günstiger Einfluss der Operation zu constatiren war.

Nach einem halben Jahr hatte sie auch beträchtlich an Gewicht zugenommen und konnte bald darauf geheilt entlassen werden.

Zwei Jahre später theilte mir Dr. Lykles mit, dass sie auch geistig als völlig geheilt betrachtet werden kann.

Ohne aus dieser einen Beobachtung allgemein gültige Schlüsse ziehen zu wollen, glaube ich doch, derselben einen gewissen casuistischen Werth beimessen zu können.

XIII.

Extrauterine Schwangerschaft.

Die achtzehn Fälle von ektopischer Schwangerschaft, welche ich in Java sah, entstammen alle der europäischen Clientel befreundeter Aerzte und stellen 1,8 % meines Bestandes an europäischen Patienten dar.

Dass kein einziger Fall von Graviditas extrauterina bei Javaninnen von mir beobachtet wurde, berechtigt keineswegs zu dem Schluss, dass diese bei Javaninnen nicht vorkommt; denn selbst alle europäischen Patientinnen sind erst durch ihre Aerzte veranlasst worden, meine Hilfe aufzusuchen.

Wenn nun schon unter Europäerinnen keine einzige aus eigener Bewegung meine Sprechstunde aufsuchte, so ist dies noch viel weniger

von Javaninnen zu erwarten, die geschulter ärztlicher Rathgebung
völlig entbehren.

Meist sind ja auch die subjectiven Erscheinungen bei ektopischer
Schwangerschaft der Art, dass weder die Patienten selbst noch ihre
Umgebung vom wirklichen Sachverhalt eine Ahnung haben. Die
Blutung ist für sie ein Zeichen, dass keine Schwangerschaft vorliegt,
die localen Schmerzen und die Schwäche nach inwendiger Hämorrhagie
werden meist auf den Darm bezogen.

Zweimal habe ich allerdings bei Javaninnen eine hämatocele
retrouterina diagnosticiren können und bin mit Veit der Ansicht, dass
es sich in solchen Fällen fast ausnahmlos um geplatzte Tubenschwangerschaft handelt; aber beweisend sind diese Fälle nicht.

Ich muss mich also begnügen, den javanischen Frauen die Möglichkeit zu vindiciren, dass auch sie extrauterin geschwängert werden
können, und gehe nun zu den sicher beobachteten Fällen über.

Im Ganzen konnte ich in achtzehn Fällen von ektopischer Schwangerschaft die Diagnose mit Sicherheit stellen. Von diesen sind zehn exspectativ behandelt und acht laparotomirt [1]. Die zehn mit Ruhe, Eis
Hydrotherapie etc. exspectativ behandelten Fälle sind sämmtlich nach
kürzerer oder längerer Zeit geheilt. In allen diesen Fällen handelt es
sich um frühzeitig geplatzte Tubenschwangerschaft mit secundärer
Hämatocelenbildung. Da offenbar in allen diesen Fällen die Frucht
abgestorben war und die Blutung stand, so wartete ich mit dem
operativen Eingriff auf Symptome einer erneuten Blutung, und da
bei der absoluten Ruhe der Patienten diese Symptome ausblieben, mit
anderen Worten weder Synkope, Schwächerwerden des Pulses noch
Vergrösserung der Hämatocele nach oben oder nach unten constatirt
werden konnte, so unterblieb auch in allen diesen Fällen ein weiterer
Eingriff.

Zwei dieser Patienten sah ich nach vier Jahren wieder; bei der
einen war nichts mehr von einer Verdickung an der Tube noch von
der Hämatocele zu fühlen, bei der anderen, die früher gefiebert hatte,
constatirte ich einige Adhäsionen der rechten Tube mit Darmschlingen,
die nach resorbirender Behandlung und Massage sich bald lösten.

---

[1] In Nederl. Tijdschrift voor Verloskunde en Gynaecologie, II, S. 124, sind
die ersten fünf Fälle ausführlich berichtet.

Von den acht operirten Fällen sind sechs geheilt, zwei, die bereits mit Peritonitis zur Operation kamen, gestorben.

Die folgende Tabelle gibt eine Uebersicht der operativ behandelten Fälle.

	Diagnose	Complication	Ausgang
1.	Graviditas ovarica m. II.	Intraligamentäre Entwickelung. Peritonitis adhaesiva. Complete Strictur der Tube	Geheilt
2.	Graviditas ovarica m. III.	Abort in die Bauchhöhle. Beginnende Resorption. Haematocele. Doppelte Verwachsung des Tubenlumens	Geheilt. Später noch 2 Partus
3.	Graviditas tuboovarica rupta m. IV.	Haematocele retrouterina. Pelveoperitonitis	Gestorben an septischer Peritonitis
4.	Graviditas tubaria m. II.	Keine	Geheilt
5.	Graviditas tubaria rupta m. II.	Haematocele retrouterina. Allgemeine Peritonitis. Perforation ins Rectum	Gestorben an septischer Peritonitis
6.	Graviditas tubaria m. II.	Keine	Geheilt
7.	Graviditas tubaria m. II—III.	Keine	Geheilt. Später noch 1 Partus
8.	Graviditas tubaria rupta m. III.	Frische Ruptur. Interabdominale Blutung	Geheilt

In vielen Beziehungen sind auch heute noch die Ansichten über Pathologie und Therapie bei Extrauteringraviditäten sehr getheilt, trotzdem es J. Veit gelungen ist, seine Auffassung zu der allgemein gültigen zu machen. Was zunächst die Frequenz und Mortalität im Allgemeinen betrifft, so haben, da die Diagnose nicht immer leicht ist, nur Statistiken eines einheitlichen Materials einen gewissen Werth. Zur Vergleichung gebe ich hier neben meinen Zahlen die von A. Martin[1]) innerhalb mehr als acht Jahren (1886 bis 1895) beobachteten Fälle.

	Zahl der Patientinnen überhaupt	Darunter Extra- uterin- schwanger- schaft	%,₀ der Total- summe	Todes- fälle bei Ektop. gravid.	%,₀ der Mor- talität bei E. G. imalg.	Davon operativ behandelt
Martin	20605	91	0,44	21	24	77 mit 12 Todesfällen
Stratz	1025 [3381]	18 [20]	1,8	2	11	8 mit 2 Todesfällen

[Die eingeklammerten Zahlen beziehen sich auf mein gesammtes Material, die javanischen Frauen mitgerechnet.]

Es geht aus diesen Zahlen hervor, dass unter meinem Material die Frequenz der ektopischen Schwangerschaften etwa viermal grösser war, und dass von den behandelten Patienten procentualiter nur halb so viele starben, als bei Martin.

Dass die Frequenz bei Martin so viel geringer ist, erkläre ich mir daraus, dass die Zahlen Martins poliklinischem Material entnommen sind, wodurch es leicht möglich ist, dass einem minder geübten Assistenten mancher Fall entgangen ist, bei dem die erfahrenen Hände Martins eine ektopische Schwangerschaft noch leicht erkannt hätten.

Zweifellos ist ja die Frequenz der ektopischen Schwangerschaft, namentlich auch der spontan geheilten, eine viel grössere, als man bisher angenommen hat. Man braucht nur in der Literatur nachzusehen, wie sich mit der stets sicherer werdenden Diagnose auch die Zahl der beobachteten und operirten Fälle lawinengleich vermehrt, man braucht nur an die zahlreichen retrouterinen Hämatocelen zu denken, die jetzt allgemein im Anschluss an Veit[2]), trotz des Widerspruchs von Zweifel[3]), als fast ausnahmslos einer ektopischen Schwangerschaft entstammend angesehen werden.

---

[1]) A. Martin, Die Krankheiten der Eileiter, 1895.
[2]) Veit, Eileiterschwangerschaft, 1884, S. 14.
[3]) Archiv, 41.

Ich glaube, dass die von mir beobachtete Frequenz mehr der Wirklichkeit entspricht, als die Martin's. Auf den Unterschied in der Mortalitätsfrequenz komme ich unten noch zurück.

Während über der Aetiologie der ektopischen Schwangerschaft noch stets ein angenehmes Halbdunkel ausgebreitet liegt, sind in die pathologisch-anatomischen Verhältnisse in den letzten Jahrzehnten einige hellere Schlaglichter gefallen; eine Einigung ist aber immer noch nicht erzielt worden.

Der Letzte, der in sehr ausführlicher und sorgfältiger Weise das Thema behandelt hat, ist Clarence Webster [1]). Seine Arbeit bietet viel Interessantes und Neues. Mit Freude ist zu begrüssen, dass er die von Zoologen längst bewiesene Thatsache, dass das Syncitium fötales, und nicht mütterliches Gewebe ist, in die Gynäkologie aufgenommen hat. Wichtig ist auch seine Beobachtung, dass bei Schwangerschaft in der einen Tube auch die andere die „deciduale Reaction" zeigt, die sich in Schwellung der Schleimhaut, Grösserwerden der Zellen u. s. w. zeigt.

Leider jedoch lässt er sich durch seine Untersuchungen zu der theoretischen Schlussfolgerung verleiten, dass nur die Producte des Müller'schen Ganges die deciduale Reaction zeigen können und demnach ausser uteriner primär nur Tubenschwangerschaft bestehen könne. Er ist dadurch gezwungen, die abdominale sowie die ovarielle Schwangerschaft zu leugnen, da beide nicht in seinen Rahmen passen.

Es liegt nicht in meiner Absicht, hier die von Schröder [2]), Spiegelberg [3]) und Werth [4]) als zweifellos bewiesenen Fälle von Willigk, Puech, Wright, Patenko, Spiegelberg, Walter, sowie den Fall von Leopold [5]) und manche andere nochmals einer Kritik zu unterwerfen. Ich bin vielmehr in der angenehmen Lage, die angeführte Casuistik durch zwei selbst beobachtete, sorgfältig untersuchte Fälle zu vermehren.

Schröder will unter Ovarialschwangerschaft nur solche Fälle verstanden wissen, bei denen das befruchtete Ei dem Ovarium nicht aufgelagert, sondern in dem Follikel selbst eingebettet ist. Spiegelberg stellt vier Bedingungen:

---

[1]) Ectopic pregnancy, 1895, Pentland, übersetzt von Eiermann, 1896, Harper.
[2]) Lehrbuch der Geburtshülfe, 1886, S. 425.
[3]) Archiv, 13, S. 73.
[4]) Archiv, 19, S. 210.
[5]) Beiträge zur Anatomie der Extrauterinschwangerschaft, 1888.

1. Fehlen des Eierstocks der einen Seite.
2. Eierstockselemente in der Wand des Fruchtsackes.
3. Verbindung des Eisackes mit dem Uterus durch das Lig. ovarii.
4. Nichtbetheiligung der Eileiter an der Bildung des Fruchthalters.

Die sämmtlichen Bedingungen Spiegelbergs können indessen sowohl auf Ovarialschwangerschaft als auch auf Abdominalschwangerschaft bei Mitbetheiligung des Ovariums zur Bildung des Fruchthalters eintreffen. Endlich lässt sich die Möglichkeit denken, dass alle diese Bedingungen eintreffen bei secundärer Abdominalgravidität nach Tubenabort.

Auf die Mängel einer solchen Beweisführung stützt sich die Negation Webster's, der alle diese Fälle als secundäre Erscheinungen ansieht.

Gleich Schröder, und in Uebereinstimmung mit Webster, kann ich als einzig beweisend ansehen „den Nachweis der Möglichkeit eines Schwangerschaftsbeginnes im Graaf'schen Follikel". Dieser Nachweis kann nur mikroskopisch geliefert werden. Selbstverständlich kommen dann als secundäre Stützen der Beweisführung die von Spiegelberg genannten Momente hinzu, namentlich auch die Nichtbetheiligung der Eileiter an der Bildung des Fruchthalters.

Dass jedoch die Tuben in gewissem Sinne doch in Mitleidenschaft gezogen werden, soll sogleich erwähnt werden.

Erster Fall.

30jährige Frau, zweimal normal entbunden, zuletzt vor zehn Jahren; seitdem stets sehr regelmässig menstruirt. Seit sechs Monaten unregelmässige Blutungen, nachdem die Menses vorher sechs Wochen weggeblieben waren.

Vor drei Monaten wurde eine fleischähnliche Membran unter wehenartigen Schmerzen ausgestossen. Uebelkeit und Erbrechen. Seit jener Zeit Schmerzen bei jedem Stuhlgang. Patientin hat das Gefühl, als ob sie auf einer Kugel sässe. Kein Fieber.

Status. Uterus weich, vergrössert, anteflectirt. Vagina blauroth. Neben dem Uterus eine nach links hinten sich erstreckende, gespannte, fluctuirende Geschwulst. Im Douglas sind innerhalb der Geschwulst deutlich kleine ballotirende Theile zu fühlen. Die linke Tube zieht über die Geschwulst hin. Rechte Anhänge deutlich abzutasten, normal.

30. April 89. Laparotomie. Rechte Adnexa normal; Uterus weich, dunkelblauroth, mit starken Gefässen.

Die Geschwulst hat das linke Ligamentum latum stark ausgedehnt, geht tief in das Cavum Douglasii und liegt der linken Uteruskante ohne Stielbildung dicht an. Die Tube läuft völlig frei über die Geschwulst hin. Das Ovarium bildet die oberste flache Kuppe der Geschwulst.

Nach Unterbindung und Durchschneidung von Tube, Ligamentum rotundum, Art. spermatica und dem obersten Theil des Ligamentum

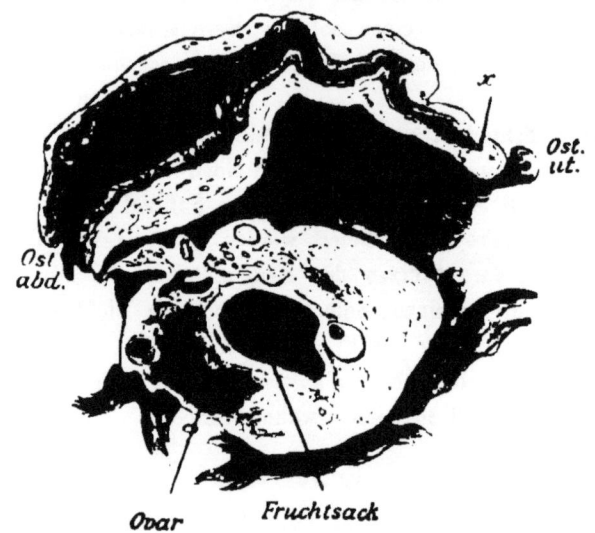

Fig. 25. Graviditas ovarica. Alkoholpräparat.
Durchschnitt durch den obersten Eipol und die Tube, die bei *x* obliterirt ist.

latum wird der Tumor in seinem untersten Theil mit einer elastischen Ligatur abgebunden, da die im Douglas liegende Parthie dem Uterus so innig anliegt, dass Enucleation als zu zeitraubend und unnöthig gefährlich aufgegeben wird.

Beim Abschneiden der Geschwulst entleeren sich alte und frische Blutcoagula in grosser Masse. Der Stumpf wird mit Chlorzink behandelt, mit durchlaufender Catgutnaht geschlossen und versenkt.

Heilung mit leichter Sticheiterung im untersten Wundwinkel.

Nach sechs Wochen ist noch ein harter Tumor von Nussgrösse links neben dem Uterus zu fühlen.

Nach sechs Monaten keine Schwellung neben dem Uterus mehr nachzuweisen. Ausser Fehlen des linken Ovariums völlig normaler Zustand.

Anatomischer Befund (Fig. 25).

Makroskopisch: Tube. Stark verdickt und vergrössert, zeigt auf dem Durchschnitt starke Hypertrophie der Schleimhaut und der Muscularis; das Lumen ist weit, die Schleimhautfalten geglättet. Nach dem Uterus zu, 1 cm vor dem abgeschnittenen Theil, besteht eine durch Entzündung verursachte, bindegewebige Obliteration des Lumens, durch welche man mit der Haarsonde nicht durchkommt. Die sehr verdickte Fimbria ovarica ist mit dem Ovarium verwachsen. Uebrigens zeigt das Ostium abdominale tubae ausser der oben erwähnten. Verdickung nichts Besonderes. Die Tube ist in ihrer ganzen Länge frei und nicht mit dem Fruchtsack verwachsen.

Das Ovarium, das nur durch die Fimbria mit der Tube in Verband steht, ist von fibrinösen Häuten und Strängen umgeben, stark ausgezogen und vergrössert. In seinem Innern ist eine Höhle, welche mit einer glatten, leicht ablösbaren Membran bekleidet ist. Unter dieser Membran befinden sich chorionähnliche Wucherungen; an der Innenseite der Rest eines Stranges (Nabelstrang).

In der Zeichnung ist nur der oberste Pol des runden mit Eierstocksgewebe umgebenen Eipols abgebildet.

Mikroskopisch: Tube. Hypertrophie und kleinzellige Infiltration der Mucosa; Epithelium verdickt, mit auffallend grossen Zellen; in der Nähe der Obliteration atrophisch platt, zum Theil fehlend. Muscularis sehr verdickt, geschwollen, durchzogen von spindelförmigen infiltrirten Heerden, die an der Grenze der Mucosa Epithelinseln abgeschnürt haben.

Ovarium (Fig. 26). Die äussersten Lagen von normaler Structur, zeigen eine gut entwickelte, durch entzündliche Membranen überdeckte Albuginea, darunter eine deutliche Randzone mit Follikeln in verschiedenen Stadien der Entwickelung. Dagegen zeigen die den Eisack umgebenden Theile merkwürdige Veränderungen, die den Beweis liefern, dass das Ovarium zur Bildung des Eisacks die Hauptelemente geliefert hat.

Zunächst sieht man, wie die Bindegewebszüge des Stromas sich auflösen und mehr concentrisch sich um die Eihöhle lagern. In diesen

Theilen befinden sich grössere und kleinere, gelappte und runde hyaline Einlagerungen, von denen die kleineren rundlichen durch zum Theil noch erhaltenes symmetrisch gelagertes Epithel sich als hyalin degenerirte kleine Follikel documentiren.

Die unregelmässigen gelappten hyalinen Elemente haben kein Epithel, dagegen stärkere Vascularisation an der Randzone. Sie stimmen überein mit den auch durch Patenko abgebildeten älteren ausgezogenen

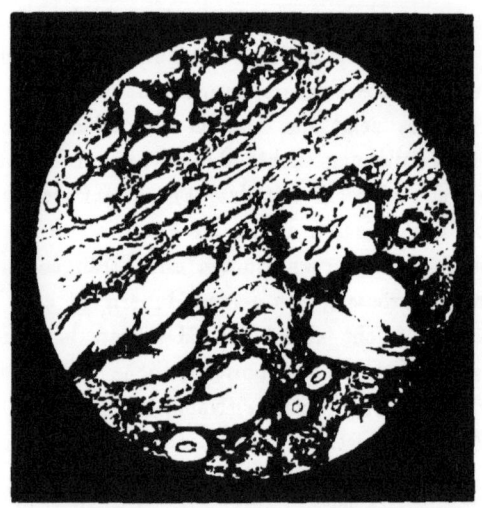

Fig. 26. Umwandlung des Ovarialgewebes bei Graviditas ovariae.

Corpora candicantia. Sie finden sich in derselben Form auch im Ovarialrest bei cystischer Degeneration.

Mehr nach innen schwellen die Bindegewebsstränge an, die Kerne stehen weiter aus einander und werden grösser, die Gefüsse haben grössere Lumina und dünnere Wände.

Zwischen diesen loseren Bindegewebszügen liegen lange Inseln von hyalinem Charakter abgeschnürt, mit einzelnen grossen, blassen Kernen.

Darauf folgt eine Lage von grösseren Zellen mit unzweifelhaft decidualem Charakter, die deutlich umschriebene hyaline Inseln umschliessen, welche den Charakter tragen von Chorionzotten in beginnender hyaliner Degeneration.

Zweiter Fall.

Frau von 24 Jahren, stets regelmässig menstruirt. Zwei normale Geburten, letzte vor einem Jahr. Stillte selbst, menstruirte darauf einmal im Juli 88, darauf nicht mehr bis Anfang November, zu welcher Zeit neben einigen Blutcoagulis eine rothe zähe Haut „wie Karbauenfell" ausgestossen wird; darauf folgt etwas seröse mit Blut gemischte Flüssigkeit. Zugleich bestand Uebelkeit und andere subjective Schwangerschaftszeichen (Schwellen der Brüste, fremde Gelüste etc.). Der Gatte, selbst Arzt, untersuchte alle ausgestossenen Theile und fand weder Fötus noch andere Eireste.

Bis zum Januar 89 Symptome von inneren Blutungen, Collapse, zunehmende Anämie, wehenartige Schmerzen, dabei zugleich leichte Blutung aus den Genitalien.

Im Februar, März und April stets ein leichter Blutverlust in unregelmässigen Intervallen. Fieber.

Status. Sehr hoher Grad von Anämie und Schwäche.

Uterus weich, vergrössert, in normaler Lage. Neben dem Uterus eine diffuse weiche Geschwulst, die sich nach hinten und links fortsetzt. Tube darüber als harter Strang zu fühlen, Ovarium nicht zu isoliren. Im Douglas, hauptsächlich links, ist ein Theil der Geschwulst zu fühlen. Rechts Adnexa klinisch normal, deutlich palpirbar.

10. Mai 1889 Laparotomie. Rechte Anhänge normal. Uterus dunkelblauroth, weich, schlapp, beweglich.

Linke Tube dunkelroth, wie der Uterus in venöser Stase, läuft frei über das teigige, ebenfalls blaurothe verdickte Ligamentum latum hin.

Unter der Tube ein rothes blumenkohlartiges Gewächs, das bei näherem Zusehen sich als ein grosses frisches Blutcoagulum entpuppt, das dem stark vergrösserten linken Ovarium aufsitzend, frei in die Bauchhöhle ragt.

Alle Gefässe, besonders die Spermatica, kolossal entwickelt.

Im Douglas Verklebung der Peritonealflächen, dazwischen Blutcoagula und etwas freies Blut.

Tube, Lig. rot. und latum werden unter dem Ovarium abgebunden, die ganzen Adnexa über fünf Ligaturen abgetragen, die dickeren Gefässe auf der Schnittfläche noch einzeln versorgt. Der diffuse Tumor im Douglas, eine grösstentheils verklebte Hämatocele retrouterina, bleibt sitzen.

Heilung ohne Zwischenfall.

Nach zwei Monaten ist von Schwellung auch im Douglas nichts mehr zu fühlen. Patientin sieht blühend aus.

Später noch zweimal Partus, ein Knabe und ein Mädchen.

Anatomischer Befund (Fig. 27).

Makroskopisch. Die in Alkohol gehärtete Tube zeigt keine starke Volumzunahme noch Schwellung der Mucosa. An zwei Stellen ist das Lumen verengt und bindegewebig obliterirt. Weder hier noch sonst sind in der Wand irgendwelche Narben oder sonstige Zeichen einer stattgefundenen Ruptur wahrzunehmen. Die Tube sowie auch die Fimbria ovarii sind völlig frei.

Ovarium völlig frei, dicht am verdickten Hilus, dem Lig. ovarii anliegend, zwei kolossale Blutgefässe. Nach Entfernung der Blutcoagula, in denen kein Fötus, wohl aber Deciduafetzen gefunden werden, zeigt die geplatzte Eihöhle auf dem Durchschnitt überall Ovarialsubstanz, die von der Rissstelle aus halbmondförmig sich um die glattwandige Eihöhle lagert.

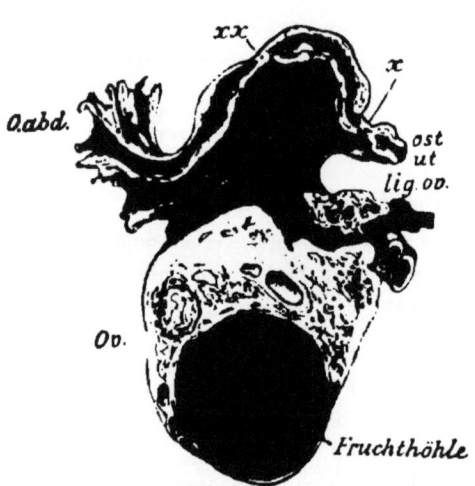

Fig. 27. Graviditas ovarica. Alkoholpräparat.
(Wie Fig. 25), bei x u. xx Obliteration der Tube.

Mikroskopisch genügte bereits der Nachweis der Deciduafetzen zwischen den Blutcoagula; das Ovarium bot an einigen Stellen genau denselben Befund wie Fall 1, an anderen dagegen Zeichen von localer myxomatöser Degeneration, auf die ich hier nicht weiter einzugehen brauche.

Ich halte in beiden Fällen durch die mikroskopische Controle den Beweis für erbracht, dass es sich um eine primär im Ovarium entstandene ektopische Schwangerschaft handelt, und sehe es als einen

seltenen Zufall an, dass ich kurz
hinter einander zwei analoge
Fälle zu beobachten Gelegenheit
hatte.

Wie aus der Anamnese
hervorgeht, haben wir es im
zweiten Fall bereits mit deutlichen regressiven Vorgängen
zu thun.

Im Anschluss an die
Beobachtungen von Webster
scheinen mir die Veränderungen
der Tube im ersten Fall weniger
als eine Salpingitis, als vielmehr
für eine sympathische deciduale
Umwandlung aufgefasst werden
zu müssen, analog der Schwellung und Auflockerung des
Uterus.

Von den Präparaten der
übrigen sechs Fälle hat nur
eines (von Fall 3) noch einiges
anatomische Interesse.

Bei bereits bestehender
Peritonitis hatte ich wegen
drohender weiterer Blutung die
Laparotomie gemacht und aus

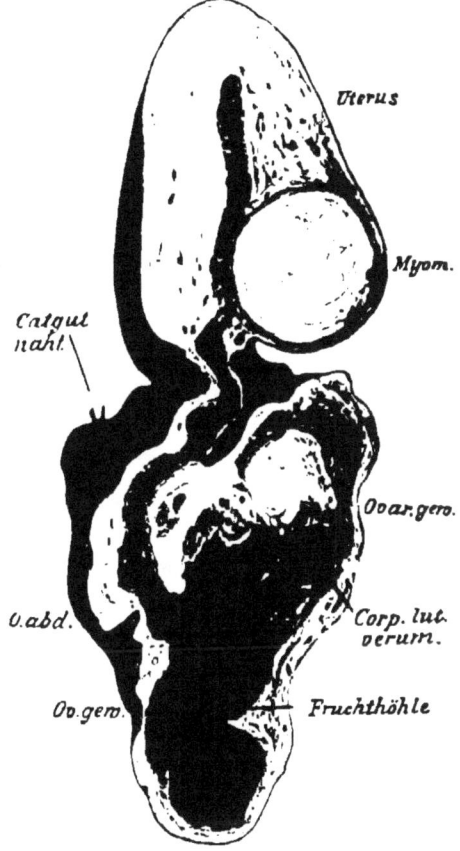

Fig. 28. Tuboovarialschwangerschaft
neben einem Myom des Uterus. Sectionspräparat.
Horizontalschnitt.

dem Douglas den stark macerirten und verkalkten Fötus nebst Placenta
und einem Theile des Fruchtsackes entfernt. Den Rest schloss ich mit
fortlaufender Catgutnaht, nachdem ich mich davon überzeugt hatte,
dass die Blutung völlig stand.

Als die Patientin drei Tage später ihrer Peritonitis erlag, hatte
ich Gelegenheit, die zurückgelassenen Genitalien bei der Section näher
zu untersuchen.

Es handelte sich, wie aus Fig. 28 ersichtlich, um eine Tuboovarialschwangerschaft. An beiden Seiten des Sackes fand sich Ovarialgewebe;
im Uterus sass ein Myom gerade vor dem Tubenostium.

Bezüglich der einzuschlagenden Therapie sind auch heute noch die Acten nicht geschlossen.

Veit, der Erste, der die Frage wissenschaftlich behandelt hat[1]), kam im Jahre 1884 zu dem Schlusse:

„Somit rathe ich bei der Diagnose auf uncomplicirte Tubenschwangerschaft zur Exstirpation des Sackes, bei Hämatocelenbildung sowie beim Fruchttode zur Ruhe und zum Abwarten, bei Ruptur in die Bauchhöhle zur Compression der Aorta etc., und nur unter den extremsten Umständen zur directen Blutstillung durch die Laparotomie."

Webster ist, allerdings reichlich zehn Jahre später, für mehr radicales Vorgehen; Lawson Tait hat in seinem zweiten Tausend Laparotomien 28 rupturirte Tubenschwangerschaften mit nur einem Todesfall operirt, erwähnt jedoch nicht, ob und wie viele Fälle er abwartend behandelt hat.

In neuester Zeit ist durch die Colpotomia anterior ein neuer Weg auch für die Behandlung der ektopischen Schwangerschaft geöffnet.

In wie weit derselbe sich allgemeine Anerkennung erwerben wird, lässt sich noch nicht sagen, da zuverlässige Resultate an grösserem Material noch nicht vorliegen. Theoretisch scheint es mir jedoch, dass die Uebersichtlichkeit und damit die Sicherheit des Operirens bei kleinem Bauchschnitt ohne Erhöhung der Gefahr entschieden grösser sein muss.

Die verschiedenen nicht radicalen Verfahren, wie die Friedreichschen Morphiuminjectionen in den Eisack, die elektrolytischen Bestrebungen u. a. m. scheinen wenig mehr angewendet, jedenfalls wenig mehr erwähnt zu werden. Dagegen ist in neuerer Zeit, u. A. von Lomer, wieder einem absolut passiven Verhalten das Wort geredet.

Meine persönlichen Erfahrungen stützen sich ausser auf die erwähnten achtzehn Fälle auch auf eine Reihe anderer, die ich in Europa behandelt habe, und verschiedene, die ich bei Schröder gesehen habe. Was die hier mitgetheilten Fälle betrifft, so sind sie es hauptsächlich gewesen, die meine Stellung zu dieser Frage bestimmten.

Die zwei Patienten, die ich verlor, hatten beide bereits Hämatocelen, die Blutung war zum Stehen gekommen, jedoch bei beiden be-

---

[1]) L. c. vid. S. 97.

stand Infection mit schweren peritonitischen Erscheinungen. In einem weiteren Falle (2 der Tabelle) bestand ebenfalls Hämatocele, jedoch die Blutung stand noch nicht, trotzdem bereits einige Monate vorher die Decidua ausgestossen war.

Dem gegenüber stehen einige Fälle von Hämatocelenbildung ohne Blutung, die alle bei exspectativer Behandlung geheilt sind.

Demnach bin ich zu der Ueberzeugung gekommen, dass die Hämatocele als solche zur Beurtheilung des einzuschlagenden Verfahrens nicht herangezogen zu werden braucht.

Mein Standpunkt ist in Kurzem folgender:

1. Jede mit Sicherheit constatirte uncomplicirte ektopische Schwangerschaft muss sofort operirt werden (und zwar vorläufig mit Laparotomie).

2. Ist Ruptur eingetreten, so beobachtet man einen Waffenstillstand, der beim ersten Symptom einer erneuten Blutung durch radicales Vorgehen ersetzt wird.

3. Bei einigermassen gefahrdrohenden Symptomen muss auch bei der ersten Blutung sofort operirt werden.

4. Ist Infection des Eisacks, resp. der Peritonealhöhle eingetreten, so wird man nach Umständen handeln müssen, hat dann aber auch bei radicalem Vorgehen nur geringe Aussicht auf Erfolg.

Die scheinbar radicale Auffassung, die hieraus gelesen werden könnte, wird in praxi abgeschwächt durch die Thatsache, dass ich in zehn Fällen auf den Waffenstillstand einen operativen Frieden folgen lassen konnte.

Um nun wieder auf das Verhältniss zu den Martin'schen Zahlen zurückzukommen, so kann ich zunächst constatiren, dass Martin mehr operirt als ich; von 91 Patienten hat er 77 operirt, ich von von 18 nur 8.

Bei ihm ist der Procentsatz der operativen Fälle günstiger, bei mir der der exspectativ behandelten.

Jedoch ist hervorzuheben, dass unter seinen zwölf operativen Todesfällen auch nur zwei sind, die an bereits bestehender septischer Peritonitis gestorben sind. In wie weit sich die übrigen durch abwartendes Verhalten hätten vermeiden lassen, lässt sich aus seinen sehr summarischen Ziffern nicht beurtheilen.

Zur richtigen Beurtheilung der operativen Erfolge wäre es erwünscht gewesen, wenn gerade Martin, der in technischer Beziehung so hoch steht, nicht nur seine letzten, sondern sämmtliche Fälle, die er operirt hat, veröffentlicht hätte. Die Statistik wäre dadurch vielleicht weniger günstig, aber jedenfalls wissenschaftlich werthvoller geworden.

Dass Martin's exspectativ behandelten Fälle eine so schlechte Prognose geben (von zwölf sind neun gestorben), schreibe ich, wie gesagt, dem Umstande zu, dass nur schwerere Fälle zur Beobachtung gekommen sind.

Veit hat, einer freundlichen schriftlichen Mittheilung zu Folge, unter etwa 60 Operationen, die Moribunden mitgerechnet, eine Mortalität von nur etwa 10 %.

XIV.
Carcinom der Genitalien.

Oben wurde bereits hingewiesen, warum ich, namentlich bei Javaninnen, so wenige Carcinome, geschweige denn operable, zu sehen bekam. Alles in Allem bekam ich zu sehen:

	Europ.	Javan.	Zus.
Carcinom des Uterus	25	7	32
Carcinom der Vagina	2	1	3
Carcinom der Vulva	3	2	5
Carcinom des Peritoneums	—	1	1
Carcinom des Ovarium	2	4	6
			47

Von den beiden letzteren Formen sehe ich hier ab. Von den übrigen 40 Carcinomen des Müller'schen Ganges, i. e. Uterus, Vagina und Vulva, waren operabel vierzehn, und zwar zwölf am Uterus, und je einer von Vagina und Vulva.

Ueber den pathologischen Werth der beobachteten Fälle habe ich das Wichtigste bereits publicirt; darunter einen im Centralblatt veröffentlichten Fall von gleichzeitigem Vorkommen von zwei verschiedenen Carcinomformen an Portio und Cervix, einer der ersten derartigen Fälle, dem inzwischen verschiedene gleiche Beobachtungen Anderer sich angereiht haben.

Von den übrigen Präparaten sind noch folgende drei bemerkens-werth.

Im ersten Fall (Fig. 29) handelte es sich um ein isolirtes Portio-carcinom an der vorderen Lippe und einen weiteren, offenbar secundär entstandenen Knoten in der vorderen Scheidenwand.

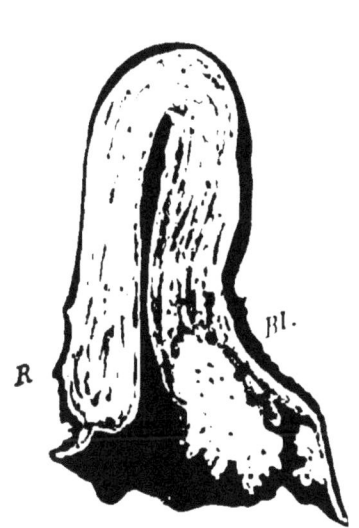

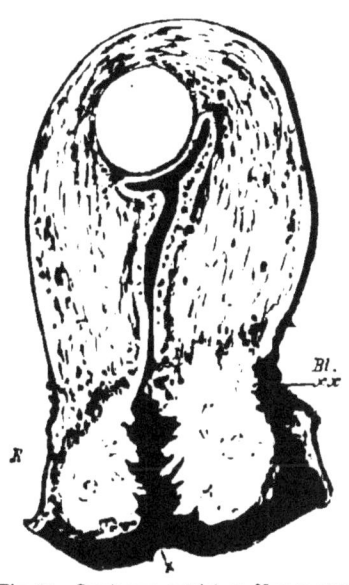

Fig. 29. Carcinom der vorderen Lippe und der Vagina. Durch Operation gewonnen. Alkoholpräparat.

Fig. 30. Carcinoma cervicis u. Myoma uteri. Bei *x* Durchbruch ins Parametrium, bei *xx* in die Blase. Durch Operation gewonnen. Alkoholpräp.

Die bereits bejahrte Patientin hatte über nichts geklagt als eine leichte Blutung; sie ist jetzt, nach sieben Jahren, noch recidivfrei ge-blieben.

Der zweite Fall (Fig. 30), der an unstillbarer Blutung aus dem rechten Parametrium sechs Stunden nach der Operation starb, stellt ein weit vorgeschrittenes Cervixcarcinom vor, das gegen die Blase sowie im rechten Parametrium durchgebrochen ist.

Bei der Section fand sich das ganze Beckenbindegewebe sowie die retroperitonealen Lymphdrüsen carcinomatös infiltrirt. Als zufällige Complication findet sich im Fundus ein Myom eingelagert.

Ein sehr zierliches Präparat stellt der folgende Fall (Fig. 31) dar. Auch hier wurde der Uterus durch Totalexstirpation gewonnen und Patientin ist bisher (drei Jahre) recidivfrei geblieben.

Wie durch die mikroskopische Diagnose bestätigt wurde, handelte es sich um ein allererstes Stadium von Adenocarcinom der Uterusschleimhaut.

Ein Theil desselben wurde bei der kurz vorher vorgenommenen Probeexcochleation entfernt; doch ist an dem übrig gebliebenen Theil sehr schön die beginnende Differenzirung von der gesunden Schleimhaut zu erkennen.

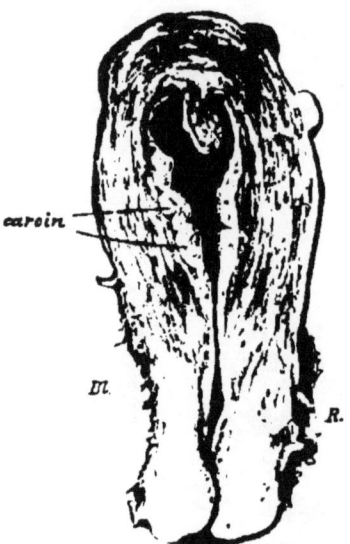

Auch hier findet sich als zufällige Complication ein fibröser Polyp und zwei kleine subseröse Myome.

Von den Carcinomen der Vagina und der Vulva bietet keines etwas Besonderes, so dass ich dieselben hier übergehen kann.

Mit den therapeutischen Resultaten habe ich alle Ursache zufrieden zu sein, wie aus nebenstehender Tabelle ersichtlich ist.

In weiteren fünf Fällen, sämmtlich aus den Jahren 1889 und 1890, habe ich die Schröder'sche supravaginale Amputation gemacht. (Tabelle S. 112.)

Es haben demnach im Ganzen von zwölf Fällen elf die Operation überstanden, eine ist kurz darauf an intercurrenter Ursache gestorben, die übrigen zehn sind von vier bis sieben Jahren ohne Recidiv geblieben.

Fig. 31. Carcinoma mucosae uteri und Myomata uteri. Durch Operation gewonnen. Alkoholpräp.

Besonders bemerkenswerth ist, dass in einem Falle nach supravaginaler Amputation noch ein lebendes Kind ohne Zwischenfall geboren ist. Leider hatte ich keine Gelegenheit, die Geburt selbst, die in Sumatra stattfand, beobachten zu können. Nach Bericht des behandelnden Arztes verlief dieselbe völlig spontan und ohne irgend welchen Zwischenfall.

Diese Thatsache ist dazu angethan, die Schröder'sche supravaginale Amputation, die jetzt immer mehr zu Gunsten der Totalexstirpation verlassen wird, doch noch in gewissen Fällen zu berücksichtigen.

Wenn mein erster Fall von doppeltem Carcinom mit anderen ähnlichen für manche Autoren die Veranlassung wurde, um in allen Fällen maligner Erkrankung ohne Ausnahme die Totalexstirpation an-

Exstirpatio uteri carcin. totalis vaginalis.

	Diagnose	Alter	Complication	Datum der Operat.	Ausgang	Weiterer Verlauf
1.	Carcinoma portion.	33	Carcinomknoten im Cervix	28. 8. 1888	p. p. geheilt	16. 9. an Cholera asiatica gestorben
2.	Carcinoma portion.	76	Carcinom der Vagina	13. 3. 1890	p. p. geheilt	Im Jahre 1896 noch recidivfrei
3.	Carcinoma cervicis	42	Retroflexio uteri metritis	22. 4. 1890	p. p. geheilt	Im Jahr 94 bei Untersuchung noch frei von Recidiv. Letzter Bericht 3. 96 ohne Recidiv
4.	Carcinoma cervicis	48	Myom. Parametritis (carcinomatosa)	20. 6. 1890	† 6 h. post operationem (Blutung)	—
5.	Adenoma uteri malignum	56	Myoma uteri	10. 6. 1891	p. p. geheilt	Im Jahr 1896 noch ohne Recidiv
6.	Carcinoma cervicis	43	—	28. 8. 1893	p. p. geheilt	1896 ohne Recidiv
7.	Carcinoma corpor. uteri	45	Myomata uteri	10. 10. 1893	p. p. geheilt	1896 ohne Recidiv

zubefehlen, so dürfte auf Grund dieses zweiten Falles der Rath gerechtfertigt sein, um wenigstens in scharf localisirten und nur suspecten Fällen an dem Schröder'schen Verfahren festzuhalten.

Allerdings gehören sowohl der eine wie der andere Fall zu den grössten Seltenheiten [1]), so dass allgemeine Vorschläge auf Grund derselben nur wenig berechtigt sind.

Denn ebenso wenig ist es erlaubt, die Totalexstirpation für alle Fälle von Portiocarcinom anzurathen, weil hie und da einmal ein doppeltes Carcinom vorkommt, als man andererseits empfehlen darf,

---

[1]) Vgl. Leinzinger, Centralblatt 1897, S. 502; Cohnstein, Arch. Gyn. V, S. 366 ff.

Exstirpatio uteri supravaginalis Schroeder.

	Diagnose	Datum der Operat.	Complication	Alter	Ausgang	Weiterer Verlauf
1.	Adenoma cervic. malignum	12. 2. 1889	—	43	Geheilt	1896 ohne Recidiv
2.	Carcinoma portion. incipiens	12. 8. 1889	—	39	Geheilt (Nachblutung)	1894 ohne Recidiv (weitere Nachrichten fehlen)
3.	Adenocarcinoma cervicis	9. 9. 1889	—	50	Geheilt	1893 ohne Recidiv (keine weiteren Nachrichten)
4.	Adenoma cervic. malignum	21. 10. 1889	Sterilitas	36	Geheilt	Ein Jahr p. op. Gravida, spontaner Partus, lebendes Mädchen. Kein Recidiv 1896
5.	Carcinoma portion.	20. 9. 1890	—	52	Geheilt	1895 ohne Recidiv (weitere Berichte fehlen)

den Uteruskörper so viel wie möglich zu erhalten, weil hie und da einmal noch ein lebendes Kind geboren werden kann.

Auf zwölf operable Fälle von Uteruscarcinom kommen zwanzig inoperable, ein Verhältniss, das entschieden günstig genannt werden kann.

Dass eine so grosse Anzahl von Carcinomen in noch operablem Zustand mir zugeschickt wurden, danke ich vor Allem der Sorgfalt und Aufmerksamkeit befreundeter Collegen. Unter Anderem hat Dr. Kloos in Batavia allein unter fünf Fällen vier operable mir zugewiesen.

Je allgemeiner verbreitet unter den Aerzten sowie beim Publikum die Ueberzeugung wird, dass Carcinom, rechtzeitig behandelt, eine sichere Heilung verspricht, desto bessere Resultate werden wir operativ auch erreichen können.

Ich kann nicht umhin, hier nochmals darauf hinzuweisen, wie wichtig in allen verdächtigen Fällen die mikroskopische Diagnose ist.

Bei älteren Personen, die an Blutungen leiden, müsste eigentlich

jedes Mal das excochleirte Endometrium untersucht werden. Aus dem
oben abgebildeten Befund (Fig. 31) ist zu ersehen, dass nicht allein
diejenigen Fälle verdächtig sind, bei denen die Excochleation dicke,
weissliche Massen zu Tage fördert, ein charakteristisches Zeichen, auf
das Veit u. A. aufmerksam gemacht haben.

XV.
Bildungsanomalien.

Die zahlreichen Bildungsanomalien, 48 an der Zahl, vertheilen
sich wie folgt:

```
 1. Atresia hymenalis . . . . . . . . . . .  7
 2. Atresia vaginae . . . . . . . . . . . .  5
 3. Atresia uteri . . . . . . . . . . . . .  6
 4. Atresia cornua uteri sin. . . . . . . .  1
 5. Uterus unicornis . . . . . . . . . . .  2
 6. Uterus didelphys (Vagina septa) . . . .  1
 7. Uterus bicornis duplex . . . . . . . .  6
 8. Uterus bicornis unicollis . . . . . . .  4
 9. Uterus bipartitus (mit Atresia vaginae) .  2
10. Uterus septus . . . . . . . . . . . .  3
11. Vagina septa . . . . . . . . . . . . . 10
12. Hermaphroditismus . . . . . . . . . . .  1
                                            ——
                                            48
```

Dabei fand sich

```
Hämatokolpos . . . . . in  8 Fällen
Hämatometra . . . . . . . 10 Fällen
Hämatosalpinx . . . . .  3 Fällen
Hämatovarium . . . . .  1 Fall
```

In letzter Zeit sind einige sehr ausführliche Arbeiten über Gynatresien und consecutive Blutanhäufungen erschienen. In erster Linie muss
hier die imposante Arbeit Neugebauer's[1] genannt werden, dann aber
auch die auf J. Veits Anregung entstandene Uebersicht von R. Meyer[2].

---

[1] Zur Lehre der angeborenen und erworbenen Verwachsungen und Verengerungen der Scheide etc. Karger, 1895.

[2] Zeitschrift für Geburtshülfe und Gynäkologie. 35 u. 36.

Der darin ausgesprochenen Ansicht Veit's, dass die meisten Gynatresien und jedenfalls alle mit Hämatosalpinx einhergehenden erworben
sind und auf Infection beruhen, kann ich mich nach meinen Erfahrungen
nur anschliessen.

Allerdings ist es in manchen Fällen ebenso schwer, die Quelle der
Infection nachzuweisen, als es in anderen erlaubt ist, dieselbe mit
Sicherheit auszuschliessen; doch kann man oft durch sorgfältige Be-
achtung von Nebenumständen auf die Spur gebracht werden.

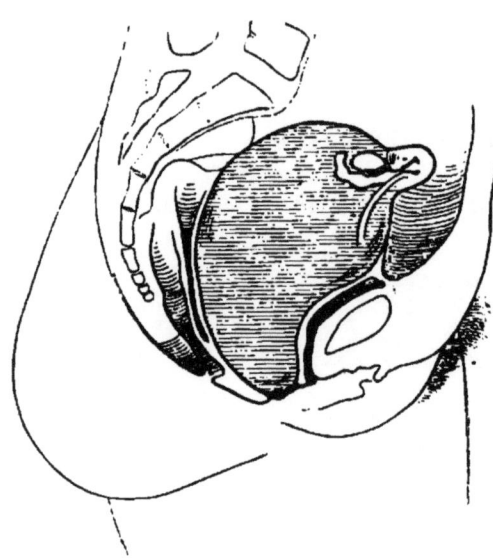

Fig. 32. Hämatokolpos (Atresia hymenalis).

Von allen Gynatre-
sien ist die Atresia
hymenalis wohl die
einzige, die in weitaus
den meisten Fällen zwei-
fellos angeboren ist.
Ein charakteristi-
sches Beispiel ist folgender Fall.

Vierzehnjähriges
Mädchen, völlig ent-
wickelte weibliche For-
men, Brüste gut gefüllt,
Mons veneris reichlich
behaart; äussere Genita-
lien normal; noch nie
menstruirt; klagt seit
längerer Zeit über zu-
nehmende Schmerzen im Unterleib, die nach einem Fall vor drei
Monaten heftiger geworden sind.

Zwischen den kleinen Labien wölbt ein blaurother Tumor hervor,
auf dessen Oberfläche zart verästelte Blutgefässe verlaufen. Nirgends
eine Spur von Verletzung. Bei combinirter Untersuchung per rectum
und Bauchdecken fühlt man einen prall elastischen, gleichmässig runden
Tumor, dem ein zweiter, kleinerer aufsitzt (Fig. 32).

Tuben, Ovarien, sowie Abgang des Lig. rot. sind deutlich zu
fühlen. Keine Geschwulst der Tube.

Therapie: Excision des Hymens und Vernähung der Wundränder
mit fortlaufender Catgutnaht.

Uterus nach zwei Monaten normal gross; später regelmässig ohne Schmerzen menstruirt.

Das Fehlen des Hämatosalpinx, sowie irgend welcher peritonitischen Erscheinungen (kein Fieber, Uterus frei beweglich) spricht gegen eine erworbene Gynatresie, ebenso auch der anatomische Befund. Die Annahme der Patientin selbst, dass ihr Leiden durch einen Fall entstanden sei, wird entkräftet durch den Umstand, dass sie vorher auch Schmerzen gehabt hat, ferner durch die stark ausgeprägten Zeichen weiblicher Pubertät, die annehmen lassen, dass die Menstruation bereits einige Jahre bestanden hat. Auf Befragen glaubt Patientin auch bemerkt zu haben, dass die Schmerzen in der letzten Zeit in vierwöchentlichen Intervallen stärker geworden sind.

Dass der Fall in irgend welchem Zusammenhang mit dem Hämatokolpos steht, ist auch schon darum unmöglich, weil innerhalb dreier Monate nicht eine feste Verklebung und dahinter eine so ausgedehnte Blutanhäufung entstehen kann.

Wir haben es hier demnach trotz widersprechender Anamnese mit einer angeborenen Hymenalatresie zu thun.

Von den übrigen sechs Fällen handelte es sich in fünf um Mädchen zwischen vierzehn und siebzehn Jahren, die alle grösseren oder geringeren Hämatokolpos hatten und wegen fehlender Menstruation, verbunden mit Molimina menstrualia, in Behandlung kamen.

Im letzten Fall handelte es sich um ein Kind von vier Jahren, bei dem der Mutter aufgefallen war, dass keine Scheidenöffnung bestand.

Alle sechs wurden in derselben Weise behandelt wie der erste Fall, bei den ersten entleerte sich das charakteristische chocoladenfarbige eingedickte Blut, bei dem Kinde etwas serös milchiger Schleim.

In keinem dieser Fälle bot die Diagnose irgend welche Schwierigkeiten. Bei der Entleerung liess sich constatiren, dass stets auch der untere Uterinabschnitt mit bei der Dilatation betheiligt war, so dass es richtiger wäre, von einem Hämatoelytrokolpos zu sprechen. Die Abwesenheit jeglicher Tubenschwellung konnte in sämmtlichen Fällen mit Sicherheit nachgewiesen werden.

Atresia vaginalis konnte ich in fünf Fällen beobachten, nur in zweien war dieselbe complicirt mit Hämatometra.

Fig. 33 gibt den Befund von folgendem Fall.

25jährige Chinesin, völlig weiblich gebaut, mit gut entwickelten

Brüsten, gewölbtem Mons veneris mit spärlichem Haarwuchs, normalen
äusseren Genitalien. Seit vierzehn Jahren Molimina, jedoch noch niemals menstruirt.

Nach Aussage des Mannes bestand früher keine Scheide; jetzt
ist nach häufigen Cohabitationsversuchen ein 4 cm langer Blindsack entstanden, der bequem den Zeigefinger eindringen lässt; per rectum und
Bauchdecken fühlt man einen prall elastischen Tumor, der zwei Finger
unter den Nabel reicht. Normal grosse Ovarien und Tuben deutlich

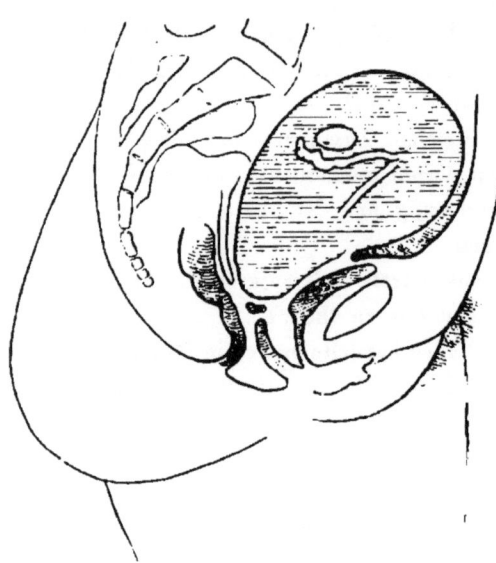

zu fühlen, wobei der
Abgang der Liga-
menta rotunda die
Orientirung erleichtert.

In Narkose gelingt
es, die Vagina stumpf
mit geringer Blutung
zu erweitern, darüber
findet sich ein zweiter
Blindsack, der mit dem
ersten circulär durch
Nähte vereinigt wird;
nun wird die letzte
Scheidewand durch-
stossen, ein rundes Stück
excidirt, und während
dem Ausfliessen des ty-
pischen Hämatometra-

Fig. 33. Hämatometra (Atresia vaginae).

blutes das oberste Scheidensegment an die blutig geöffnete Portio angenäht.

In diesem Falle spricht die Möglichkeit, dass ein Theil der Scheide
stumpf gelöst werden konnte, für eine entzündliche Verklebung der
Vagina in der Kindheit.

Im zweiten Falle handelte es sich um eine alte syphilitische
Strictur der Scheide bei einer 40jährigen Frau, die das Lumen bis auf
eine kleine nur für dünne Sonden durchgängige Oeffnung in halber
Höhe geschlossen hatte. Die Oeffnung wurde stumpf dilatirt; dahinter
war eine mässige Menge von mit Schleim und Eiter gemengtem
schmutzigbraunen Blut aufgehäuft; nach Entfernung desselben wurde
die circuläre Narbe ausgeschnitten und die gesunden Theile des

Scheidenrohrs durch die Naht vereinigt. (In den übrigen drei Fällen handelte es sich ausser um Atresia vaginae noch um andere Bildungsanomalien; ich komme darauf noch zurück.)

In den sechs Fällen von Atresia uterina konnte fünf Mal eine ostiumartige Delle nachgewiesen werden, in einem Falle nicht. Hämatosalpinx fand sich jedoch nur in zwei Fällen.

Der in Fig. 34 dargestellte typische Befund stammt von einem 25jährigen Mädchen, das nie menstruirt war, von völlig weiblichem Habitus, mit gut entwickelten Brüsten, jedoch mit ausgesprochener Chlorose.

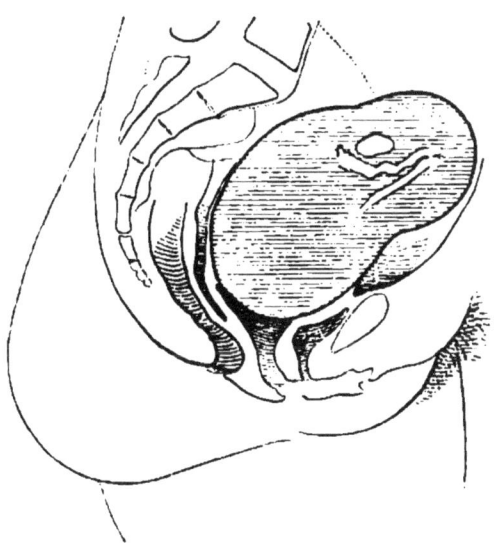

Molimina menstrualia waren nicht ausgesprochen, jedoch in letzter Zeit bestand heftiger Kopfschmerz und wehenartige, anhaltende Schmerzen im Unterleib.

Hier liess sich per vaginam an dem glatt gespannten Tumor kein Orificium nachweisen.

Hämatosalpinx fehlte. Tuben und Ovarien, aus der Lage der Ligamenta

Fig. 34. Hämatometra (Atresia uterina).

rotunda leicht nachzuweisen, zeigten normale Grösse und Beschaffenheit.

Interessant war die deutliche Abgrenzung des Fundus uteri von dem stärker dilatirten unteren Segment.

Es wurde ein kreisrundes Stück excidirt und circulär vernäht.

In vier weiteren Fällen mit mässiger Hämatometra ohne Hämatosalpinx hatte bereits einige Mal Menstruation stattgefunden; in allen diesen Fällen bestand auch Fluor albus, so dass dabei an einen temporären, entzündlichen Verschluss gedacht werden muss, was im ersten Fall nicht bewiesen werden kann.

Der letzte Fall (Fig. 35) endlich bietet in mancher Hinsicht besonderes Interesse.

Fünfzehnjähriges, gut entwickeltes Mädchen von europäischen Eltern. Brüste jungfräulich, Mons veneris wenig behaart. Vor acht Monaten einmal menstruirt, seit acht Tagen Ausfliessen einer bräunlich roth gefärbten, syrupdicken Masse. Abdomen seitdem eingesunken. Befund. Hymen erhalten. Vagina virginell; leichter Fluor. In Narkose gelangt man leicht mit dem Finger in das Ostium uteri; es lassen sich im Inneren zwei wulstige circuläre Verengerungen unter-

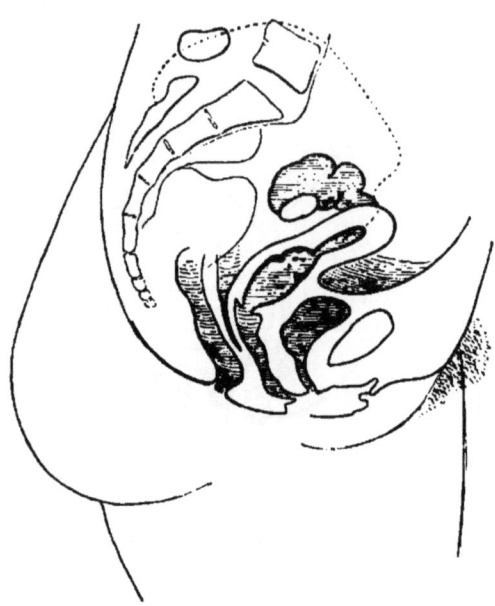

scheiden, ähnlich wie bei einem puerperalen Uterus nach Abort, links ein knolliger, weich elastischer Tumor, darunter das normal grosse Ovarium, rechte Anhänge normal.

Die leichte Kolpitis zusammen mit dem objectiven Befund erweisen, dass es sich um eine entzündlich entstandene, spontan perforirte Hämatometra handelt. Es verdient dabei hervorgehoben zu werden, dass sich hier, wie der Befund ergibt, ein Contractionsring über dem

Fig. 35. Haematometra perforata, Hämatosalpinx
(Atresia uterina).

unteren Uterinsegment gebildet hat, trotzdem es sich nicht um Schwangerschaft handelte.

Es sei hier auch auf Fig. 34 verwiesen, wo die Form der Hämatometra völlig einem Uterus parturiens mit ausgebildetem unteren Segment entspricht.

Die Hämatosalpinx bildete sich spontan zurück innerhalb vier Monaten.

Alle diese Fälle bestätigen zum Theil völlig die Annahme von Veit, die übrigen widersprechen ihr wenigstens nicht.

Was ich speciell daran hervorheben möchte, sind zwei Punkte.

Zunächst, dass man im Geleite der Ligamenta rotunda am sichersten sich von der Beschaffenheit der Adnexa überzeugen kann, so dass man bei der Stellung der Diagnose auf Hämatosalpinx ebenso wenig Schwierigkeiten hat, als bei der ja an sich sehr leichten Diagnose einer Hämatometra resp. eines Hämatokolpos.

Zweitens aber möchte ich die Aufmerksamkeit auf die Ausbildung eines unteren Uterinsegments lenken, das im letzten Fall (Fig. 35) unzweifelhaft nachgewiesen werden konnte, in den übrigen Fällen von Hämatometra mit grosser Wahrscheinlichkeit angenommen werden kann.

Es ist mir nicht zweifelhaft, dass bei genauerer Beachtung dieser Verhältnisse es sich herausstellen wird, dass, ebenso wie bei der Schwangerschaft, auch bei der Hämatometra die Ausbildung des unteren Uterinsegments die Regel ist.

Wenn die Diagnose bei der totalen Hämatometra sehr leicht ist, so ist dies keineswegs der Fall bei der einseitigen Hämatometra im rudimentären Horn.

In der Meyer'schen Arbeit[1]), ebenso als bei Sänger[2]) vermisse ich ausser einem Fall von Treub[3]) auch einen von mir publicirten[4]), trotzdem beide Fälle der Beachtung werth sind[5]).

In dem von mir am 6. März 1889 operirten Falle handelte es sich um ein junges Mädchen von 15 ½ Jahren, das seit 2 ½ Jahren regelmässig menstruirt hatte. Die Menstruation war anfangs schmerzlos, später sehr empfindlich, dabei ein gleichmässig wachsender Tumor im Abdomen; seit einigen Monaten unerträgliche Schmerzen auch in den Intervallen. Manchmal Fieber. Der Palpationsbefund ist in Fig. 36 dargestellt.

Die Diagnose schwankte wegen der unregelmässig knolligen Gestalt des Tumors zwischen Myom und Haematometra lateralis.

[1]) L. c.
[2]) Centralblatt. 1896, S. 49.
[3]) Mausland. diss. in., Freiburg. 1890.
[4]) Entzündungen der Ovarien und Tuben. 1892, S. 7.
[5]) Bei der riesigen Masse der heutigen Literatur ist es nicht zu verübeln, dass Sänger (l. c.) für sich das Recht der primären Laparotomie bei doppelten Gynatresien in Anspruch nimmt, und dass Rossa (ibid. S. 146) es ihm streitig macht, trotzdem Schröder (Zeitschrift, VIII, S. 202) bereits im Jahre 1881 primäre Laparotomie gemacht und empfohlen hat.

Mit Laparotomie wurden die normalen rechten und die linken durch Blut ausgedehnten Adnexa nach Lösung einiger nicht blutender leichter Adhäsionen entfernt, darauf von der Vagina aus ein Troicart in die Haematometra sinistra eingestossen, der das charakteristische chocoladbraune Blut entleerte.

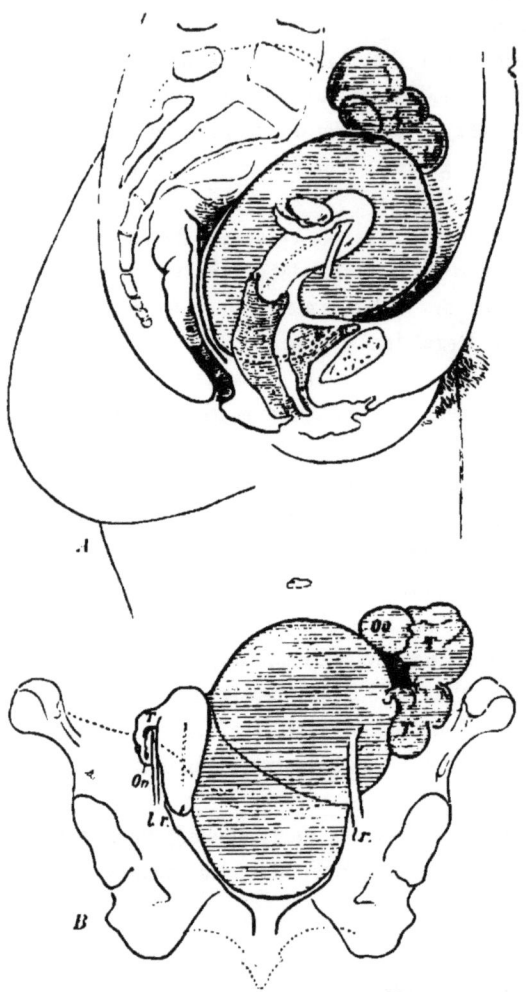

Die Heilung erfolgte glatt, die Menstruation kehrte noch vier Mal zurück und blieb dann weg. Auch hier war wieder deutlich die Bildung des unteren Uterinsegments zu constatiren.

An dem Präparat ist der Pavillon der mit Blut prall gefüllten, stark vergrössertenTube rings mit dem Ovarium verlöthet.

Die von Dr. van Eecke ausgeführte bacteriologische Untersuchung des tubären Blutsackes ergab ein negatives Resultat.

Das Fieber, die gefundenen Adhäsionen in der Peritonealhöhle sprechen für das Dasein eines infectiösen Pro-

Fig. 36. Haematometra sinistra, Hämatosalpinx, Hämatovarium (Atresia uterina sinistra).

cesses, demnach für eine erworbene Form von Hämatometra und Hämatosalpinx. Die Infection müsste in diesem Falle von der offenen Hülfte des Genitaltractus aus erfolgt sein. Der negative bacteriolo-

gische Befund macht wahrscheinlich, dass die Virulenz der Entzündungserreger erloschen war zur Zeit der Operation.

Trotz diesem sowie dem oben erwähnten Fall von spontaner Rückbildung des Hämatosalpinx muss ich doch gleich Schröder und Sänger
für die primäre Laparotomie plaidiren in allen Fällen, wo
ein Hämatosalpinx nachgewiesen werden kann. Wir haben
hier ebenso wenig wie
bei Ovarialtumoren ein
sicheres klinisches Zei-
chen der Benignität,
ganz abgesehen von der
Gefahr einer eventuel-
len Ruptur und Ver-
blutung. Die Statistik
der nicht operativ be-
handelten Fälle ist
sprechend genug, um
uns zur Vorsicht zu
mahnen.

Bezüglich der mi-
kroskopischen Einzel-
heiten, namentlich auch
des Hämatovariums,
verweise ich auf meine
oben citirten Publica-
tionen.

Bei Vagina sep-
ta braucht nach Hegar-

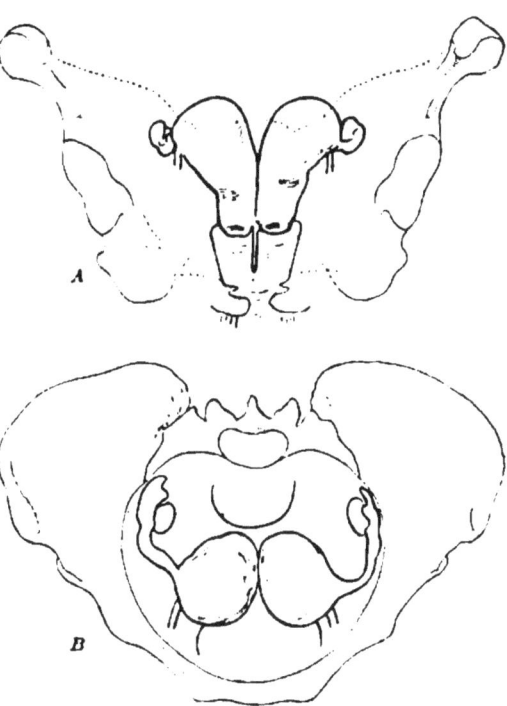

Fig. 37. Uterus didelphys, Vagina septa.

Kaltenbach [1]) nur dann operativ eingeschritten zu werden, wenn dieselbe ein Hinderniss für die Cohabitation oder für die Geburt wird.

In einem Falle war ich indess genöthigt, bei einer 25jährigen
Javanin zu operiren, trotzdem der Beischlaf sowie später eine Geburt
ohne Störung stattgefunden hatten.

Die Indication zur operativen Entfernung des etwa 3 cm hohen,
medianen Scheidenseptums bildete in diesem Falle eine Retroflexio uteri

[1]) Operative Gynäkologie. 1896. S. 680.

mobilis, und zwar darum, weil das Septum das Einlegen eines Pessars unmöglich machte.

Ich entfernte das Septum mit der Scheere und vernähte die Schnittflächen mit fortlaufender Catgutnaht; vierzehn Tage später wurde der Uterus reponirt und ein Hodgepessar eingelegt.

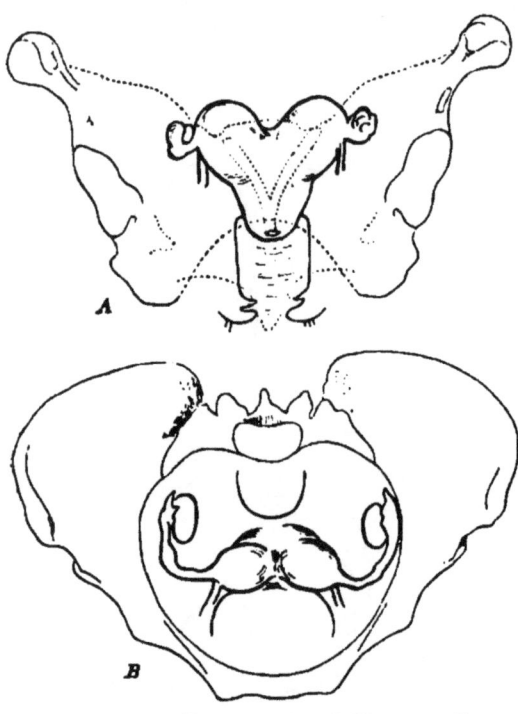

Von den verschiedenen Fällen von doppeltem Uterus ohne Hämatometra verdienen einige noch näher erwähnt zu werden.

Den einzigen Fall von Uterus didelphys, der mit Vagina septa combinirt war, sah ich in Samarang bei einer etwa 30jährigen Javanin. Die Beckenmaasse waren sp. 27, cr. 29, tr. 32, Bandeloque 20, Diagonalis 14, demnach für eine Javanin verhältnissmässig sehr starke Breitenmaasse.

Fig. 38. Uterus bicornis unicollis puerperalis.

Die Frau hatte mehrere spontane Geburten durchgemacht.

Bei der Exploration fand sich, etwa 1 cm über der Vulva beginnend, ein dickes, fleischiges medianes Septum, das nirgends eine Communication zwischen rechter und linker Vagina zeigte.

An beiden Portionen waren narbige Stricturen zu fühlen und im Speculum zu sehen, beide Uteri waren metritisch verdickt, so dass in diesem Falle sowohl der rechte als der linke Uterus geboren haben muss. Den Palpationsbefund gibt Fig. 37. Mit der Sonde gelangte man in jeden Uterus 8 cm, etwas in divergirender Richtung.

Der in Fig. 38 dargestellte Palpationsbefund entstammt einem 21jährigen javanischen Dienstmädchen, zu dem ich gerufen wurde, weil nach spontanem Partus die Placenta nicht folgte. Ich fand dieselbe im rechten Uterushorn adhärent; das Septum spannte sich sehr scharf an; doch war nicht allein die rechte, sondern auch die linke Hälfte zur Beherbergung der Frucht benutzt worden; denn als die Placenta entfernt wurde, zeigten sich beide Hälften ungefähr gleich gross. Acht Tage später zeigte sich der hier skizzirte Befund eines Uterus bicornis unicollis (septus). Die Sonde drang in jedes Horn 9 cm ein.

Bei einem Falle von Uterus bipartitus mit completer Atresie der Vagina war ich in der Lage, den Palpationsbefund (Fig. 39) durch die Operation zu bestätigen und leider auch durch die kurz darauf erfolgte Section zu vervollständigen.

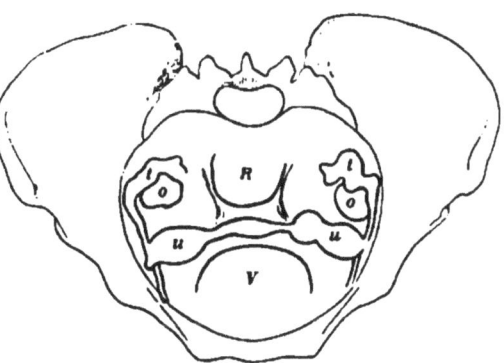

Die Patientin, eine 31jährige Virgo, litt an heftigen Menstrualkoliken und so heftigen Kopfschmerzen, dass sie fürchtete, den Verstand zu verlieren. Ausser einem 1 ½ cm

Fig. 39. Uterus bipartitus bei Atresia vaginae.

langen, leicht blutenden Blindsack besteht völliger Mangel der Scheide.

Per rectum und Bauchdecken fühlt man die Douglas'schen Falten sehr stark verdickt; zwischen Rectum und Blase einen platten, harten, 2 cm langen Körper an Stelle des Uterus, rechts und links davon zwei

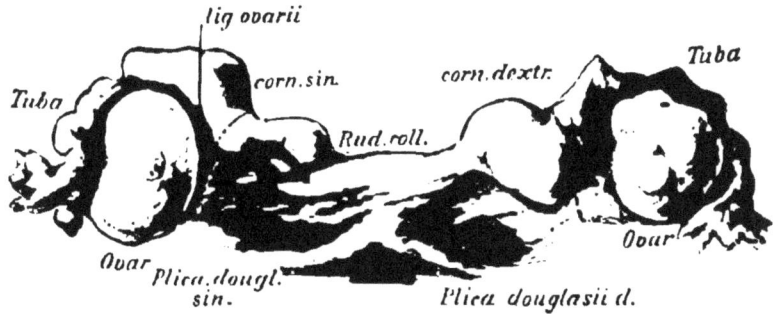

Fig. 40. Uterus bipartitus; Autopsie.

harte, walzenförmige Anschwellungen, denen sich normal grosse Tuben und Ovarien seitlich anschliessen (Fig. 39).

Wegen der Molimina menstrualia werden, da Conception ausgeschlossen ist, durch Laparotomie beide Ovarien nebst Tuben und einem Theil der völlig soliden, nicht mit Schleimhaut ausgekleideten Uterushörner entfernt.

Zwei Tage später Exitus letalis an innerer Verblutung; die Section ergibt, dass eine Ligatur vom rechten Uterushorn abgeglitten ist.

Fig. 40 illustrirt den anatomischen Befund. Die punktirten Linien deuten die Schnittflächen an, bis zu welchen bei der Operation die Genitalien entfernt wurden. Das mittlere Stück ist durch die Section dazugekommen.

Wie erwähnt, waren beide Müller'schen Gänge völlig geschlossen, nirgends zeigte sich Uterus- und Vaginalschleimhaut; der kurze Blindsack am Introitus war der Ueberrest verschiedener missglückter operativer Versuche zur Bildung einer Vagina.

Das Fehlen jeglichen Schleimhautrestes erklärt zugleich das Fehlen von Hämatometra und Hämatokolpos.

Leider war eine nachträgliche mikroskopische Untersuchung der Ovarien nicht mehr möglich.

Von Hermaphroditismus habe ich nur ein Exemplar, das im Weibergefängniss in Socrabaia sass, zur Untersuchung bekommen.

Wie mir von verschiedenen Seiten versichert wurde, kommt Hermaphroditismus in Java nicht gerade selten vor, und die Eingeborenen behandeln die Hermaphroditen mit derselben Nachsicht, wie die Rothhäute ihre Idioten.

Die sog. Zwitter in Java sind schon von Weitem als solche erkennbar. Sie zeichnen sich aus durch bunte Kleidung, auffallendes Benehmen, durch Liebäugeln mit den Vorübergehenden und durch durchdringende Wohlgerüche, die sie verbreiten; sie betragen sich, in einem Wort, wie bei uns die öffentlichen Dirnen. Ich habe mehrere dieser Exemplare gesehen, glaube aber, dass es sich dabei weniger um Zwitter, als um gemeine Homosexuale handelt. Damit stimmt überein, dass diese Wesen im Allgemeinen als Männer betrachtet werden, sowie der Ausspruch einer Dukun, die mir sagte: das wären merkwürdige Menschen, sie könnten Männer und Frauen zugleich lieben.

Möglich ist immerhin, dass darunter einige wirkliche Zwitter mit unterlaufen; wahrscheinlich aber nicht. Bekanntlich werden ja bei uns die meisten Zwitter zunächst als Mädchen angesehen und als solche erzogen; in Java, wo der Haarwuchs, ausser auf dem Kopfe, viel spärlicher ist als bei uns, ist eine derartige Täuschung auch im späteren Lebensalter viel länger vor Entdeckung geschützt.

Bei Nambrok, alias Sadinah, ist weder männlicher noch weiblicher Habitus deutlich ausgeprägt.

Das Haupthaar ist lang und reich, wie das der Frauen, Gesicht, Achselhöhlen und Mons veneris völlig unbehaart. Körperlänge 1,54 m. Brüste fehlen, Thorax breit, mehr männlich. Hände und Füsse sehr klein und zierlich.

Becken schmal.

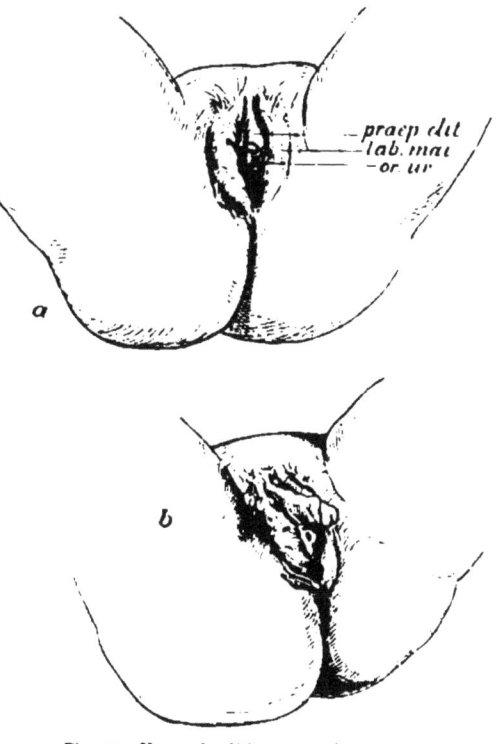

Fig. 41. Hermaphroditismus spurius masc.

Maasse: Spinae 22
Crist. 24
. Trochant. . . 27
Extern. . . . 16,5

Aeussere Genitalien von weiblichem Habitus. Grosse Labien (Fig. 41) tragen einige Haare und sind stark entwickelt. Clitoris 2 cm, in Erection 4 cm (41 b); unter derselben kleine Labien kaum angedeutet; Orificium urethra in der Mitte der Vulva. Vagina fehlt.

In den grossen Labien je ein haselnussgrosser Körper, der bei Druck empfindlich ist und sich verschieben lässt nach oben.

Länge der Schamspalte 6,5 cm, des Perineums 4 cm.

Per rectum und Bauchdecken sind weder Uterus, noch Tuben und Ovarien zu fühlen.

Beim Gehen und nach Anstrengungen klagte Patientin über Schmerzen in den beiden Geschlechtsdrüsen. Den Vorschlag, sich dieselben exstirpiren zu lassen, nahm sie nicht an.

Dadurch allein wäre mit Sicherheit das Geschlecht festzustellen gewesen; trotzdem aber ist es sehr wahrscheinlich, dass es sich hier um einen männlichen Scheinzwitter handelt.

XVI.
Krankheiten der Adnexa.

Seit Lawson Tait den „tubal case" erfunden, haben sich die Salpingotomien in fürchterlicher Weise vermehrt. Zwar ist es glücklicherweise so arg nicht, wie der Franzose Canu[1]) es in seiner jüngst erschienenen Schmähschrift auf die französischen Chirurgen vorgestellt hat, aber das ist nicht zu leugnen, dass von Vielen, und namentlich von Pseudogynäkologen, mehr Tuben und Ovarien herausgeschnitten werden, als gesetzlich erlaubt sein sollte.

Wenn man bedenkt, dass die Indication zur Adnexoperation meist keine vitale ist, dass das Leiden selbst äusserst selten den Tod herbeiführt, dann verlieren die schönsten operativen Statistiken einen grossen Theil ihres Werthes, da eben jeder Todesfall viel schwerer wiegt, als bei Operationen, die ein lebensgefährliches Leiden zu bestreiten suchen.

Noch schlechter jedoch wird das Verhältniss, wenn man erfährt, dass so manche der eben dem Tode entronnenen Frauen noch nicht einmal geheilt ist, ja, oft noch schlimmer daran, als vorher.

Von den 474 Tubenaffectionen, die ich sah, habe ich zwölf der Salpingotomie unterworfen. Da ich in Indien in der glücklichen Lage war, meine Patienten, auch wenn sie sich nicht besser fühlten, meist wiederzusehen, so konnte ich deren Schicksale Jahre hindurch verfolgen.

Ich lasse hier zunächst die Tabellen der operirten Fälle folgen.

---

[1]) E. Canu, La castration chez la femme. Ollier, Paris, 1897.

A. Einseitige Salpingoophorectomien.

	Diagnose	Alter	Ausgang	Anmerkungen
1.	Pyosalpinx sinistra puerperalis	30	† Septische Peritonitis	Temperatur 40° vor der Operation. Platzen des bereits befreiten Eitersacks, verursacht durch Unvorsichtigkeit eines Zuschauers
2.	Pyosalpinx sinistra, Salpingoophoritis adhaesiva sinistra puerperalis	28	Innerhalb 1 Monats geheilt	Ein Jahr später an Pneumonie gestorben
3.	Pyosalpingitis dextr., Oophoritis dextr., Hernia omenti infra adhaesiones adnexorum	24	Innerhalb 14 Tagen geheilt	Später ein spontaner Partus
4.	Pyosalpinx dextr., Pelveoperitonitis	28	In 1 Monat geheilt	Seit 7 Jahren steril verheirathet; 2 Jahre p. op. erster Partus. Forceps. Puerperium normal
5.	Perioophoritis, Perisalpingitis sinistra, Appendicitis, Parametritis	36	1 Monat p. op. ohne Klagen	Später ein spontaner Partus

Von fünf Patienten ist eine durch einen unglücklichen Zufall gestorben, die anderen vier waren alle in höchstens einem Monat gesund, drei haben später noch lebende Kinder zur Welt gebracht.

Der Anamnese nach waren alle diese Fälle durch puerperale Infection hervorgerufen.

Fall 4 war noch dadurch besonders interessant, dass es mir möglich war, eine Hernie des Omentum majus zwischen Adhäsionen von Tube und Ovarium der rechten Seite zu diagnosticiren, einmal durch den objectiven Befund, das Fühlen eines fischroggenähnlichen Stranges, der von den Adnexen ausging, und dann durch den stark localisirten Schmerz.

Alle vier Ueberlebenden sind nach der Operation gesund geblieben.

B. Doppelseitige Salpingoophorectomien.

	Diagnose	Alter	Ausgang	Anmerkungen
1.	Salpingitis duplex tuberculosa	30	In 2 Monaten geheilt	Fieber bis 38,6° vor der Operation. • Lungen gesund
2.	Salpingoophoritis duplex, Peritonitis chronica tuberculosa	22	In 1 Monat geheilt	Lungen gesund. Vor der Operation Fieber und grosse Schwäche
3.	Pyosalpingitis duplex p. abort.	30	In 3 Monaten geheilt	Vor der Operation Temperatur 40°
4.	Cyst. tuboovarial. dupl. inflammata, Pelveoperitonitis	30	In 3 Monaten geheilt	• Libido sexualis erst nach der Castration vorhanden
5.	Salpingoophoritis duplex chronica	30	In 4 Monaten geheilt	—
6.	Pyosalpinx duplex gonorrhoica, Tumor ovar. dextr.	32	Nach 4 Jahren geheilt	Ein halbes Jahr p. op. Manie
7.	Pyosalpinx duplex gonorrhoica, Retroflexio uteri	36	Nach 3½ Jahren geheilt	Ein Jahr nach der Operation Manie. Später noch Uterus vaginal entfernt (Treub)

Bei allen sieben Patienten war ein jahrelanges Siechthum der Operation vorausgegangen; alle möglichen Mittel waren erfolglos geblieben. Alle sieben haben die Operation selbst glatt durchgemacht, doch dauerte es bei den zwei letzten viele Jahre, bevor sie sich völlig gesund fühlten. Bei der letzten endlich musste später noch der Uterus entfernt werden wegen anhaltender Blutungen trotz Castration.

Die zwei ersten Fälle sind auf Grund positiven bacteriellen Befundes in den Tuben als tuberkulöse Affectionen anzusehen. Diese beiden heilten am schnellsten, sie zeigten keine Ausfallserscheinungen beim anticipirten Klimax und erfreuen sich jetzt, nach sechs Jahren, laut Bericht, einer ungestörten Gesundheit.

Der dritte Fall, der aus puerperaler, wahrscheinlich also Streptococceninfection entstand, war gleichfalls sehr schnell geheilt. Die Ausfallserscheinungen waren sehr gering.

Von den zwei folgenden Fällen liess sich die Art der Infection nicht mit Sicherheit nachweisen. Wahrscheinlich handelte es sich um septische oder gonorrhoische Mischinfection. Beide waren verhältnissmässig rasch geheilt.

Bei der ersten (4) war der Beischlaf vor der Operation ausserordentlich schmerzhaft; erst nach der Operation stellte sich die Libido coeundi ein. Ich habe die muntere Patientin vier Jahre später noch gesprochen, und sie versicherte mir, dass sie sich in keiner Beziehung zu beklagen habe; die Libido war ungestört geblieben. Ausfallserscheinungen waren nicht eingetreten, ausser dem Wegbleiben der Menses.

In Fall 5 bestanden leichte klimakterische Erscheinungen während eines guten Jahres, danach Euphorie.

Die beiden letzten, auf gonorrhoischer Basis entstandenen Fälle gaben bezüglich völliger Heilung sehr ungünstige Resultate. Bei beiden wurden die schweren Ausfallserscheinungen durch periodisches Irrsein complicirt; ausserdem bestanden Kopfschmerz, Congestionen, Schwindel, schlechte Stimmung, Neuralgien und alle die anderen Beschwerden des anticipirten Klimax. Im letzten Fall dauerten sogar die Blutungen noch fort.

Diesen sieben Fällen kann ich noch fünf weitere zur Seite stellen, bei denen Adnexaffectionen bestanden, wobei jedoch aus anderen Gründen die Laparotomie gemacht werden musste.

Von diesen Fällen sind die beiden ersten, wo es sich um veraltete Entzündungen gehandelt hat, sehr bald geheilt. Die Ausfallserscheinungen blieben bei beiden weg; doch ist zu bemerken, dass hierbei das Alter der Patientinnen berücksichtigt werden muss. Die erste stand ganz im Beginne, die zweite, die vor der Zeit durch schwere Anstrengungen gealtert war, am Ende ihres geschlechtlichen Daseins.

Im dritten Fall liess sich die Art der Infection ebenfalls nicht mit Sicherheit feststellen; wahrscheinlich jedoch handelte es sich um eine alte Gonorrhoe.

Im vierten und fünften Fall endlich, wo die Diagnose Gonorrhoe

C. Doppelseitige Salpingoophorectomien gelegentlich anderweitiger Complicationen.

	Diagnose	Alter	Grundleiden	Verlauf
1.	Hämatosalpinx	15	Haematometra sinistra	Nach 4 Monaten geheilt. Keine Ausfallserscheinung
2.	Hydrosalpinx duplex	40	Myoma uteri	Nach 2 Monaten geheilt
3.	Pyosalpinx, Salpingoophoritis duplex chronica	31	Myoma uteri	Erst reichlich 1 Jahr später geheilt. Schwerere Ausfalls-erscheinung
4.	Pyosalpinx duplex gonorrhoica	38	Myoma uteri	Vor der Operation Fieber bis 40°. — Geheilt nach reichlich 4 Jahren. Schwere Ausfalls-erscheinung
5.	Pyosalpingitis duplex, Tuboovarialcyste	27	Myoma uteri	Nach 5 Jahren geheilt. Schwerer Klimax. Anamnese: Gonorrhoe a marito in der Hochzeits-nacht (mit 17 J. verh.)

feststeht, sind wiederum besonders langdauernde Reconvalescenz und schwere Ausfallserscheinungen zu constatiren.

Auf Grund der gemachten Beobachtungen komme ich somit zu dem Resultate, dass von allen Arten von Infectionen der Adnexa die tuberkulöse die besten und sichersten Resultate bei operativem Eingreifen darbietet. Natürlich ist dabei zu berücksichtigen, dass eine ganze Reihe von Fällen, bei denen die Lungen bereits afficirt sind, nicht mehr operirt werden können.

Veraltete Processe jeglicher Art (c. 1, 2.) bieten zwar auch eine gute Prognose quoad sanationem, indiciren jedoch wohl kaum jemals ein operatives Vorgehen, so dass dieselben hier ausser Betracht bleiben können [1]).

[1]) Aeusserst selten dürfte ein Hydrosalpinx wegen seiner Grösse Veranlassung zur Laparotomie werden. Ein solcher Fall ist von Timmermans (Utrecht'sche Klinik) vor Kurzem demonstrirt worden.

Ueber die puerperalen Affectionen wissen wir noch wenig. Offenbar handelt es sich dabei um sehr verschiedenartige Affectionen; indessen ist bis jetzt die Pathologie der Streptococcen, des Bacterium coli und der anderen Familienmitglieder noch nicht genügend festgestellt zur klinischen Verwerthung. Im Allgemeinen ist wohl anzunehmen, dass es vorwiegend die leichteren puerperalen Affectionen mit Tendenz zur Localisation sind, die bei den diesbezüglichen Processen eine Rolle spielen, da ja die schweren septischen Processe meist letal endigen, wenn sie einmal das Peritoneum ergriffen haben.

Die schlechtesten Resultate liefert entschieden die gonorrhoische Infection.

Obgleich ich bisher noch nie einen Uterus anders als wegen Carcinom exstirpirt habe, so würde ich doch jetzt auf Grund von Bumm's klassisch geschriebener Arbeit [1]) mich nicht bedenken, in schweren, hartnäckig jeder anderen Therapie trotzenden Fällen die Doyen-Péan'sche Operation zu machen.

Doch betont Bumm, dass auch bei Gonorrhoe die Prognose keineswegs immer hoffnungslos ist bei exspectativer Behandlung.

Es ist seit Jahren mein Streben gewesen, den Werth der conservativen Methoden bei der Behandlung der Adnexerkrankungen zu erproben, jedoch sind meine diesbezüglichen Untersuchungen noch nicht abgeschlossen.

Immerhin kann ich auf eine ganze Anzahl recht günstiger Erfolge zurückblicken.

Ausser den bekannten resorbirenden Mitteln und der Hydrotherapie ist es namentlich die gynäkologische Massage, die in letzter Zeit der Gegenstand lebhafter Controversen geworden ist.

Mein Aufenthalt in Java und Japan, wo die Massage, wie bei allen orientalischen Völkern, seit Jahrhunderten gepflegt ist, gab mir Gelegenheit, eine Vollendung in der Technik zu beobachten, die bei uns nur wenig bekannt ist.

Trotz der grossen Vorzüge der Massage glaube ich jedoch, dass sie für gynäkologische Zwecke in weitaus den meisten Fällen nur in Verband mit sämmtlichen übrigen Hilfsmitteln der Wissenschaft zu gebrauchen ist. Es geht damit wie mit der Homöopathie in unseren

---

[1]) Veit's Handbuch, I, S. 424.

Tagen. Der heutige Homöopath muss alle anderen Hilfsmittel zu Rathe ziehen, und der gynäkologische Masseur wird allmälig ein massirender Gynäkologe, wofür das Werkchen von Ziegenspeck[1]) einen treffenden Beweis liefert.

Weiteres darüber behalte ich mir noch vor.

————

Es war mein Streben, in diesen Blättern eine übersichtliche, jedoch keineswegs erschöpfende Darstellung gynäkologischen Wirkens und Schaffens in den Tropen zu geben. Wenn es mir dabei gelungen ist, etwas Gutes gethan zu haben, so verdanke ich es, nächst Gott, meinem geliebten seligen Meister Carl Schröder.

————

[1]) Ziegenspeck, Massagebehandlung bei Frauenleiden, 1895.

Anhang.

Frühere Veröffentlichungen,

die theilweise dasselbe Thema behandeln.

A. Zeitschriften.

Geneeskundig Tijdschrift voor Nederlandsch-Indie.

1888. 1. Totalexstirpation des Uterus wegen Carcinom.
   2. Tumor ovarii malignus. Laparotomie.
   3. Rapport omtrent de van af 17. 6 tot medio dec. 1888 in het Militair hospitaal te Soerabaia waargenomen gevallen van Cholera asiatica.
1889. 4. Einseitige Hämatometra und Hämatosalpinx.
   5. Erste Serie von 10 Laparotomien.
   6. Zweite Serie von 10 Laparotomien.
   7. Der weisse Fluss in Indien. Vortrag.
   8. Therapie des Abortus. Vortrag.
   9. Operative Behandlung der Retroflexio. Vortrag.
1890. 10. Verslag over de verrichtingen op gynaecologisch en verloskundig gebied te Weltevreden in het jaar 1889.
   11. Dritte Serie von 10 Laparotomien.
   12. Ueber septische Infection. Vortrag.
   13. Ueber Peritonitis. Vortrag.
1891. 14. Vierte Serie von 10 Laparotomien.
   15. Tuberculose. Vortrag.
   16. Fünfte Serie von 10 Laparotomien.
1892. 17. Ueber Endometritis. Vortrag.
1894. 18. Sechste Serie von 10 Laparotomien.

Ausserdem siehe Notulen der Vergaderingen van de Vereeniging tot Bevordering der geneeskundige Wetenschappen in Nederlandsch-Indie von den Jahren 1889, 1890, 1891, 1892, 1893.

Nederlandsch Tijdschrift voor Verloskunde en Gynaecologie.

1890. 19. Over graviditas extrauterina.
1891. 20. Gynaecologisch onderzoek van duizend javaansche vrouwen.
1892. 21. Over carcinoma uteri.
       22. Uterus bipartitus; eene klinische studie.
1893. 23. Ovariotomie intra graviditatem.
1894. 24. Over het javaansche vrouwenbekken.

Zeitschrift für Geburtshülfe und Gynäkologie.

1889. 25. Amyloide Degeneration eines Uteruspolypen.
1890. 26. Zur Therapie des Cervicalkatarrhs.
1891. 27. Vaginale Operation der Retroflexio uteri.
1893. 28. Intraabdominale Hernien bei gynäkologischen Affectionen.
       29. Zur Histogenese der epithelialen Eierstocksgeschwülste.
       30. Ueber Placenta praevia.
1895. 31. Die Raute von Michaelis.

Centralblatt für Gynäkologie.

1888. 32. Eine Modification der Uterusexstirpation per vaginam.
1889. 33. Ektopotomie.
1890. 34. Operative Vorschläge.
1897. 35. Zur Retroflexionsfrage.

B. Monographieen.

1892. 36. **Circulationsstörungen und Entzündungen der Ovarien und Tuben.** Mit 65 Abbildungen auf 12 Tafeln.
1894. 37. **Die Geschwülste der Ovarien.** Mit 50 Abbildungen auf 14 Tafeln.

Kaltenbach, Prof. Dr. R., Lehrbuch der Geburtshilfe. Mit 102 in den Text gedruckten Abbildungen und 2 Tafeln in Farbendruck. gr. 8. 1893. geh. 13 M.

Kehrer, Prof. Dr. F. A., Lehrbuch der operativen Geburtshülfe. Mit 38 Holzschnitten. gr. 8. 1891. geh. 8 M.

Koblanck, Dr. A., Beitrag zur Lehre von der Uterusruptur. Nach 80 in der Königl. Universitätsfrauenklinik zu Berlin beobachteten Fällen. Mit 1 Tafel. gr. 8. 1895. geh. 2 M.

v. Krafft-Ebing, Prof. Dr. R., Psychopathia sexualis mit besonderer Berücksichtigung der conträren Sexualempfindung. Eine klinisch-forensische Studie. Neunte verbesserte und theilweise vermehrte Auflage. gr. 8. 1894. geh. 10 M.

Meyer, Dr. L., Der Menstruationsprocess und seine krankhaften Abweichungen. Für Studirende und Aerzte. Nach Vorlesungen, gehalten an der Kopenhagener Universität im Herbstsemester 1889. 8. 1890. geh. 4 M.

Müller, Prof. Dr. P., Die Krankheiten des weiblichen Körpers in ihren Wechselbeziehungen zu den Geschlechtsfunctionen. In 23 Vorträgen dargestellt. gr. 8. 1888. geh. 13 M.

Olshausen, Prof. Dr. R., Klinische Beiträge zur Gynäkologie und Geburtshülfe. Mit 5 Holzschnitten. 8. 1884. geh. 6 M.

Runge, Prof. Dr. M., Die Krankheiten der ersten Lebenstage. Zweite umgearbeitete und vermehrte Auflage. 8. 1893. geh. 7 M.

Veit, Prof. Dr. J., Gynäkologische Diagnostik. Zweite Auflage. Mit 28 Holzschnitten. gr. 8. 1891. geh. 5 M.

Veit, Prof. Dr. J., Die Anatomie des Beckens im Hinblick auf den Mechanismus der Geburt. Eine geburtshülfliche Studie. Mit 6 lithogr. Tafeln und 11 Abbildungen im Text. gr. 4. 1887. cart. 8 M.

Winter, Prof. Dr. G., Ueber die Recidive des Uteruskrebses, insbesondere über Impfrecidive. Mit 1 Tafel und 18 Figuren im Text. gr. 8. 1893. geh. 3 M.

Zweifel, Prof. Dr. P., Lehrbuch der Geburtshülfe für Aerzte und Studirende. Vierte, vielfach umgearbeitete Auflage. Mit 240 Holzschnitten u. 2 Farbendrucktafeln. gr. 8. 1895. geh. 16 M.